Frauke Nahrgang
Geschichtenspaß für drei Minuten

Frauke Nahrgang
hat sich als Kinderbuchautorin einen Namen gemacht.
Sie ist Grundschullehrerin und beschäftigt sich seit vielen Jahren
mit dem Erstleseunterricht. Ihre Erfahrung: Die meisten Erstlesebücher
enthalten zu viel Text. Die Erstleser brauchen dagegen Lesestoff,
der ihren realen Kenntnissen entspricht und sie nicht überfordert.

Susanne Schulte
hat in Münster Visuelle Kommunikation mit dem Schwerpunkt
Illustration studiert. Vorher war sie Werbegestalterin.
Heute ist sie als freiberufliche Illustratorin tätig.
»Geschichtenspaß für 3 Minuten« ist ihr erstes Buch
für den Arena Verlag.

Frauke Nahrgang

Geschichtenspaß für 3 Minuten

Mit Illustrationen von
Susanne Schulte

In neuer Rechtschreibung

1. Auflage 2001
© Edition Bücherbär im Arena Verlag, Würzburg 2001
Alle Rechte vorbehalten
Einband und Innenillustrationen: Susanne Schulte
Gesamtherstellung: Westermann Druck Zwickau GmbH
ISBN 3-401-07948-4

Inhalt

Wer hat mein Gespenst gesehen?	7
Brüllen wie ein Löwe	11
Besuch bei Frau Rumpelich	14
Ein Lied für Mama Bär	20
Ein Freund für Paulchen Pokus	24
Oma Karlson hat Geburtstag	26
Sonntagsüberraschung für den Hamster	29
Die Kaffeeeinladung	34
Piratengeburtstag	37
Frauchens Liebling	42
Im nächsten Jahr bestimmt!	44
Ein guter Platz für Osterhasen	47
Der Postkutschenraub von Hard Rock	51
Streit um den Mond	56
Liebe Niete	60
Nachrichten aus aller Welt	62

Einkaufsbummel	64
Zeit lassen	67
Bollewipps Frühstückshunger	71
Ein richtiger Urlaub	73
Wenn es sogar schon in der Zeitung steht	76
Mächtig stark	77
Vielfraß	78
Die warme Jacke	79
Der fünfhundertste Geburtstag	80
Keine Arbeit für einen Professor	84
Kollegen	87
Das Nachtkonzert	90
Bollewipp im Glück	92
Bollewipp und der nächtliche Störenfried	94
Der superstarke Muskelmann	96
Der beste Pirat der Welt	99
Gut festhalten	101
Ein hilfsbereiter Busfahrer	103
Kaspers neue Lampe	105
Tanz-Partner	106
Eine fette Beute	108

Wer hat mein Gespenst gesehen?

Lio ist oft allein. Sie hat keinen Freund. Lio fürchtet sich nämlich vor anderen Kindern. Früher war sie deshalb manchmal traurig. Jetzt nicht mehr.
Einen Freund? Brauch ich nicht!, denkt Lio. Ich hab ja das Gespenst. Seit einem Jahr kommt das Gespenst. Es schwebt abends ins Zimmer. Beim ersten Mal hat Lio einen tüchtigen Schreck bekommen. Aber bald hat sie gemerkt: Das Gespenst ist lieb.
Es setzt sich zu Lio ans Bett. Es kichert und kuschelt mit ihr. Lio muss sich kein bisschen fürchten und kann ganz beruhigt einschlafen. Am nächsten Morgen ist das Gespenst dann immer weg. Das ist nicht schlimm, denn abends kommt es ja wieder. Den ganzen Tag denkt Lio an ihr Gespenst und freut sich.
Aber eines Abends kommt das Gespenst nicht. Lio wartet und wartet. Sie schaut sogar aus dem offenen Fenster. Dabei fürchtet sie sich doch so vor der Dunkelheit. Das Gespenst kann sie nirgendwo entdecken. Lio macht sich große Sorgen und schläft lange nicht ein.
Das Gespenst kommt auch am nächsten Abend nicht. Und auch nicht am übernächsten. Ob es krank ist? Oder vielleicht gekidnappt? Am nächsten Morgen sagt Lio: »Mama, wir müssen mein Gespenst suchen!«
Aber davon hält Mama gar nichts. »Dauernd verschusselst du deinen Kram!«, schimpft sie. »Deine Turnschuhe, deinen Füller und jetzt auch

noch dein Gespenst! Räum mal dein Zimmer auf! Dann wird es schon wieder auftauchen.«

Lio seufzt. Beim Gespenstersuchen ist Mama keine große Hilfe. Aber irgendjemand muss Lio helfen. Sonst findet sie das Gespenst nie. Nebenan wohnt ein großer Hund. Er heißt Bingo und sieht sehr gefährlich aus. Lio hat Angst vor ihm. Aber bestimmt ist Bingo ein guter Suchhund. Vielleicht findet er das Gespenst. Lio überlegt lange, dann gibt sie sich einen Stoß. Sie klingelt im Nachbarhaus und holt Bingo ab.

Bingo geht gern spazieren. Er wedelt mit dem Schwanz und leckt Lios Hand. Er holt Stöckchen und bellt fröhlich. Komisch, er ist gar nicht gefährlich. Er ist sogar sehr lieb. Bingo schnüffelt überall herum: Im Gebüsch am Ententeich und bei der Eisdiele. Aber das Gespenst findet er nicht. Lio streichelt Bingo und flüstert: »Ist nicht deine Schuld. Gespenster hinterlassen eben keine Spur.«

Da stupst Bingo mit der Nase an ein Plakat. Lio kratzt sich nachdenklich am Kopf. »Ein Plakat? Keine schlechte Idee, Bingo!«

Lio malt ein Plakat mit einem Gespenst. Darunter schreibt sie: »Wer hat mein Gespenst gesehen? Bitte melden bei Lio!«

Sie hängt das Plakat an einem Baum auf. Ein fremder Junge bleibt stehen. »Ich heiße Marek«, sagt er. »Ich mag Gespenster. Kann ich dir beim Suchen helfen?«

Lio zögert. Eigentlich fürchtet sie sich vor fremden Jungen. Aber Bingo ist ja da. Bingo wird Lio beschützen. »Gut«, sagt sie. »Du darfst mitsuchen.«

Lio und Marek suchen überall. Auf dem Spielplatz, im Garten. Sogar auf dem Dachboden von Lios Haus. Eigentlich ist der viel zu unheimlich. Aber mit Bingo und Marek ist es dort sehr lustig. Sie stöbern in den alten Schränken und verkleiden sich und kichern. Nur das Gespenst finden sie leider nicht.

»Morgen suchen wir weiter«, verspricht Marek beim Abschied. Lio freut sich.

»Wuff«, bellt Bingo.

»Natürlich«, sagt Lio. »Dich nehmen wir auch mit.« Da freut Bingo sich auch.

Am Abend schwebt plötzlich das Gespenst ins Zimmer. »Du bist wieder da!«, ruft Lio erleichtert. »Wo hast du nur gesteckt?«

Das Gespenst kuschelt sich zu Lio und erzählt: »Ich war bei einem Mädchen. Das hat keine Freunde und ist immer ganz allein. Es fürchtet sich und kann nicht einschlafen.«

»Die Ärmste«, ruft Lio erschrocken. »Flieg schnell wieder hin!«

»Aber was ist mit dir?«, fragt das Gespenst.

Lio lacht. »Ich bin nicht mehr allein. Ich habe nämlich zwei Freunde, Bingo und Marek. Besuch uns mal! Dann zeige ich sie dir.«

»Das mache ich bestimmt«, verspricht das Gespenst. Es gibt Lio zum Abschied einen Kuss und schwebt los.

»Tschüss, liebes Gespenst!«, ruft Lio. Sie steht am Fenster, schaut in die Dunkelheit und winkt ihm noch lange nach.

Brüllen wie ein Löwe

Linus war noch ein kleiner Löwe. Aber er konnte schon fast alles, was große Löwen können. Er konnte sich anschleichen. Er konnte sich im Steppengras verstecken. Er konnte über die breite Felsspalte springen. Nur eins konnte er nicht. Linus konnte nicht brüllen wie ein Löwe.
Oft versammelten sich die Löwen auf ihrem Felsen. Einer riss den Rachen auf und stimmte das Gebrüll an. Die anderen Löwen fielen ein. Sie brüllten, dass die Erde zitterte und der Wind vor Schreck verstummte. Nur Linus konnte nicht so brüllen. Er ließ den Kopf hängen und schämte sich.
»Kann der Junge immer noch nicht brüllen wie ein Löwe?«, fragten die anderen Löwen manchmal. Mama Löwe legte dann immer ihre Tatze schützend um Linus und sagte: »Das lernt er schon noch.« Aber sie machte sich große Sorgen. Das spürte Linus genau.
Einmal fragte Linus: »Warum müssen Löwen überhaupt so brüllen?« Papa Löwe kratzte sich hinter dem Ohr. »Darüber habe ich noch nie nachgedacht«, sagte er. »Löwen brüllen eben. Halt, ich hab's. Löwen sind stark und gefährlich. Alle sollen sich vor ihnen fürchten.«
»Fürchtegebrüll?« Linus verzog das Gesicht. »Das mag ich nicht.«
Aber dann dachte er an Mama Löwe und sagte entschlossen: »Ich werde mich anstrengen. Heute brülle ich noch wie ein Löwe.«
Das Nashorn trabte durch die Savanne. Nur sein Horn ragte aus dem hohen Gras. Linus verstellte ihm den Weg und wollte brüllen wie ein Löwe. Es klang wie ein Windhauch.

Das Nashorn machte einen Bogen um Linus und trabte weiter. Enttäuscht schaute Linus ihm nach. So schnell wollte er nicht aufgeben. Ich muss mich eben noch mehr anstrengen, dachte er und lief weiter.

Der Elefant schubberte sich an der alten Akazie. Linus baute sich vor ihm auf und wollte brüllen wie ein Löwe. Es klang wie das Rascheln der Blätter. Der Elefant drehte Linus das Hinterteil zu und schubberte sich weiter.

Egal, dachte Linus tapfer. Ich muss mich eben noch mehr anstrengen. Immer wieder versuchte Linus das Löwengebrüll. Aber es hörte sich überhaupt nicht stark und gefährlich an. Der Adler zog weiter seine Kreise. Das Nilpferd planschte weiter im Fluss. Der Affe turnte weiter an seiner Liane. Niemand fürchtete sich vor Linus. Der wollte sich Mut machen. »Heute brülle ich noch wie ein Löwe!«, flüsterte er. Aber er glaubte selber nicht mehr daran.

Es wurde dunkel. Linus taten die Pfoten weh. Den ganzen Tag hatte er sich angestrengt. Aber alles war umsonst. Linus konnte immer noch nicht brüllen wie ein Löwe. Arme Mama! Da fiel es Linus plötzlich ein: Er hätte schon längst zu Hause sein müssen. Aber wo war sein Zuhause? So weit war Linus noch nie weg gewesen. Der Urwald war fremd und unheimlich. Aufgeregt stolperte Linus durch das Gebüsch. Aber den richtigen Weg fand er nicht.

Erschöpft kauerte er sich auf den Boden. Er hatte große Sehnsucht nach daheim. Aber vielleicht wollten Mama und Papa Linus gar nicht mehr. Vielleicht wollten sie lieber einen kleinen Löwen, der richtig brüllen konnte. Tränen kullerten Linus ins Fell. Er wischte sie weg, aber gleich rollten neue hinterher.

Plötzlich zerriss Gebrüll die Nacht. Mächtiges donnerndes Löwengebrüll. Aber es klang nicht zum Fürchten. Es war das schönste Geräusch, das Linus je gehört hatte. Er sprang auf und schrie: »Mama! Papa! Hier bin ich!«

Mama Löwe preschte als Erste heran. Sie umarmte Linus und lachte und weinte dabei. »Wie bin ich froh, dass wir dich wiederhaben!«, sagte Papa Löwe.

»Aber ich kann immer noch nicht brüllen wie ein Löwe«, sagte Linus.
»Wir haben dich trotzdem ganz doll lieb«, versicherte Mama Löwe.
Linus durfte auf Papa Löwes Rücken reiten. Er schmiegte sich in Papas Mähne, fühlte Papas Wärme und schloss zufrieden die Augen.
In Linus' Bauch begann es zu kribbeln. Bauchweh? Nein, das Gefühl war viel schöner, viel wärmer, viel aufregender. Das Gefühl wurde größer und stärker. Es wurde so groß, dass es herausmusste. Sonst würde Linus davon zerspringen.
Linus richtete sich auf, warf den Kopf zurück und brüllte.
»Linus kann brüllen wie ein Löwe«, freute sich Mama Löwe.
»Wirklich?«, fragte Linus überrascht. »Wie kommt denn das?«
Papa Löwe kratzte sich hinter dem Ohr. »Ich hab's!«, sagte er endlich.
»Du bist glücklich. Alle sollen sich mit dir freuen.«
»Freudengebrüll?«, fragte Linus. Papa Löwe nickte. »Ich liebe Freudengebrüll!«, rief Linus. Er riss seinen Rachen auf und brüllte. Mama Löwe und Papa Löwe fielen ein. Dreistimmig brüllten sie ihre Freude hinaus in die Nacht. Und einer brüllte am lautesten: Linus. Er brüllte und brüllte und konnte gar nicht genug davon bekommen.

Besuch bei Frau Rumpelich

Aufgeregt rannte Frau Rumpelich durch die Wohnung. Frau Schick und Frau Vornehm wollten zum Kaffee kommen. Und da musste alles so gemütlich sein, dass die Damen sich wie zu Hause fühlten.

Frau Rumpelich zerrte die Kissen vom Sofa. Sie zerriss ein paar Zeitungen und verteilte die Papierschnipsel auf dem Teppich. Sie räumte Töpfe und Pfannen auf das Fensterbrett und hängte einen Mantel über jede Stuhllehne. Schließlich setzte sie Jonathan, die weiße Maus, auf den Kaffeetisch. Zufrieden schaute sie sich um. Schön war es jetzt überall! Nur die Fenster, die blickten noch kalt und abweisend drein. Frau Rumpelich hatte leider keine Zeit mehr, die Scheiben zu beschmieren, denn sie musste noch Kuchen backen.

Sie holte die Zutaten herbei: das Mehl aus dem Schuhschrank, die Eier aus der Strumpfschublade, das Honigglas aus dem Bücherregal und die Rosinen aus dem Nähkorb.

»Irgendwas fehlt noch«, murmelte Frau Rumpelich. »Die Butter!« Sie ging ins Schlafzimmer. Aber die Butter stand nicht wie sonst auf dem Nachtschrank. Frau Rumpelich schaute sich suchend um. Sie schob das Fahrrad aus dem Wäscheschrank, sie schaufelte die Stiefel aus dem Bett, sie kullerte die Kartoffeln aus der Schublade. Aber die Butter war nicht zu finden.

Es klingelte. Max und Grete kamen vom Spielplatz. Kopfschüttelnd sah Frau Rumpelich, wie sich beide vor der Tür die Schuhe abwischten. Aber zum Schimpfen blieb keine Zeit mehr.

»Wo ist die Butter?«, forschte Frau Rumpelich. Grete schaute schuldbewusst zu Boden.
»Die habe ich aus Versehen in den Kühlschrank gestellt«, gestand sie.
»Wie oft muss ich es noch sagen: Alles immer gleich wieder an seinen Platz räumen!«, sagte Frau Rumpelich und ging in die Küche. Sie öffnete den Kühlschrank. Tatsächlich, zwischen dem Waschpulver und der Schuhcreme stand die blaue Dose.
Wer kommt auch auf so was, dachte Frau Rumpelich und warf ein großes Butterstück in die Teigschüssel. Dann steckte sie den Kopf noch einmal durch die Tür.
»Dass ihr mir ja nichts durcheinander bringt!«, rief sie, nahm den großen Löffel und fing an zu rühren.

Frau Rumpelich räumte alle Pullover und Hüte aus dem Backofen und schob den Kuchen hinein.
Wie schön die Kinder spielen, dachte sie, man hört gar nichts von ihnen! Leise öffnete sie die Tür. Entsetzt blieb sie stehen. Sie rang eine Weile nach Luft. »Aber . . . aber . . . «, sagte sie. Max und Grete drückten sich an ihr vorbei. »Gehen noch mal raus«, murmelte Max. Dann fiel die Tür ins Schloss.
Das schöne Wohnzimmer! Wie das jetzt aussah! Die Papierschnipsel lagen im Papierkorb. Alle Töpfe und Pfannen waren weggeräumt. Die Mäntel hingen an der Garderobe. Jonathan saß in seinem Käfig. Aber

das Schlimmste, alle Kissen standen auf dem Sofa. Und sie hatten alle einen Knick, genau in der Mitte.

Frau Rumpelich schaute verzweifelt auf die Uhr. Da klingelte es auch schon. Sie warf einen letzten Blick auf ihr ruiniertes Zimmer. »Die werden glauben, hier sieht es immer so aus«, seufzte sie. Dann öffnete sie die Tür.

»Die Kinder«, sagte Frau Rumpelich entschuldigend, als sie die Damen ins Wohnzimmer führte, »sie machen immer so eine Unordnung!«

»Aber meine Liebe«, sagte Frau Vornehm, »es ist doch wunderhübsch bei Ihnen!« Und Frau Schick nickte dazu: »Ganz entzückend, wirklich entzückend.«

Am besten, ich lasse mir auch nichts anmerken, dachte Frau Rumpelich tapfer und goss mit zitternden Händen den Kaffee ein.

Die Damen lobten den Kuchen und langten kräftig zu. Aber Frau Rumpelich spürte doch, dass sie sich nicht recht wohl fühlten. Keine legte die Füße auf den Tisch, keine fuhr mit den Fingern in die Sahneschüssel, keine zerkrümelte den Kuchen, um ihn dann zu neuen Figuren zu kneten. Und so saß auch Frau Rumpelich ganz steif dabei, unglücklich über den verdorbenen Nachmittag.

Schritte stapften die Treppe herauf. Die Kinder, dachte Frau Rumpelich. »Na, wartet nur ...« Wütend riss sie die Tür auf. Aber wie die beiden so kleinlaut dastanden, vergaß sie das Schimpfen. Max war über und über mit Dreck bespritzt. Grete hatte ein großes Loch im Strumpf. Sie wollte sich gerade die Schuhe abtreten, aber Max gab ihr ein Zeichen. Da sprang sie schnell über die Matte.
Sie bemühen sich ja doch, dachte Frau Rumpelich gerührt und schob beide ins Wohnzimmer.

»Meine Kinder«, sagte Frau Rumpelich.
Frau Vornehm hüstelte und Frau Schick schaute auf die Matschspuren auf dem Teppich.
Max und Grete zeigten sich von ihrer besten Seite. Artig verkrümelten sie ihr Kuchenstück neben dem Teller und fuhren mit den Fingern in die Sahneschüssel.
Frau Vornehm hüstelte und Frau Schick schaute auf die Uhr.

Als Max satt war, legte er seine Füße ordentlich neben Frau Schicks Teller.

Frau Vornehm hüstelte und Frau Schick sagte: »Ich glaube, es wird Zeit. Was meinen Sie, meine Liebe?«

»Aber«, sagte Frau Rumpelich, »Sie werden doch jetzt noch nicht gehen. Gerade ist es so gemütlich!« Stolz schaute sie auf ihre wohlerzogenen Kinder.

Frau Vornehm hüstelte und Frau Schick sagte: »Nun, wissen Sie, meine Liebe . . .«

Grete hatte den Käfig geöffnet. Jonathan sprang auf den Kaffeetisch, machte Männchen und kuschelte sich dann in Frau Vornehms Schoß. Die Damen erstarrten.

»Das macht er sonst nie bei Fremden! Er mag Sie leiden!«, freute sich Frau Rumpelich.

Da sprang Frau Vornehm auf. Sie schüttelte ihr Kleid, dass Jonathan sicher abgestürzt wäre, wenn Max ihn nicht aufgefangen hätte. Frau Vornehm stürmte aus dem Zimmer und Frau Schick stürmte hinterher. Frau Rumpelich nahm Jonathan an die Hand und streichelte ihn beruhigend. Zufrieden lächelte sie vor sich hin. »Es ist doch noch ein schöner Nachmittag geworden«, flüsterte sie ihm ins Ohr. »So schön, dass die beiden Damen ganz die Zeit vergessen haben. Deshalb mussten sie jetzt auch ohne Abschied davonrennen. Sicher werden sie sich freuen, wenn ich sie bald wieder einlade!«

Von den Kindern war nichts zu hören. »Was macht ihr?«, rief Frau Rumpelich ins Kinderzimmer hinüber. Aber es kam keine Antwort. »Sicher machen sie wieder Hausaufgaben«, sagte Frau Rumpelich und rümpfte die Nase. Aber richtig übel nehmen konnte sie es ihnen nicht. Dazu war sie viel zu glücklich.

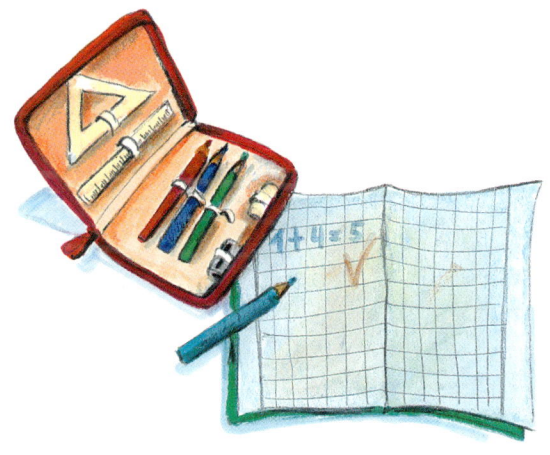

Ein Lied für Mama Bär

Der kleine Bär hüpfte vergnügt durch den Wald und schmetterte aus voller Kehle: »Brumm, brumm, brumm!«

»Was ist das?«, fragte die Amsel von ihrem Ast herunter.

»Mein Lied!«, rief der kleine Bär stolz. »Mein Lied für Mama Bär. Ich habe es mir ganz allein ausgedacht. Ich will sie damit überraschen. Es ist doch schön, oder?«

Die Amsel legte nachdenklich den Kopf schief. »Nicht so richtig. Deinem Lied fehlen die hohen Noten. Hör mir zu!«

Die Amsel riss den Schnabel auf und schickte tausend glockenhelle Töne in den Frühlingshimmel. Der kleine Bär lauschte mit offenem Mund. Schließlich war der Gesang verklungen.

»Du musst noch ein bisschen üben«, riet die Amsel. Sie breitete die Flügel aus und flog davon.

Der kleine Bär schaute ihr eine Weile nach. Ja, er würde üben. Mama Bär hatte nämlich ein schönes Lied verdient. Langsam ging er weiter und übte: »Brumm, brumm, brumm!«

Ein vorbeieilender Hase bremste scharf. »Was ist das?«, fragte er.

»Es soll mal ein schönes Lied werden«, antwortete der kleine Bär unsicher.

»Interessant!« Der Hase schnipste mit den Pfoten. »Aber ein Lied braucht vor allem eins: Rhythmus. Pass mal auf!«

Der Hase stampfte auf den Boden. Dazu schlug er die Bauchtrommel

und wirbelte mit den Ohren, dass dem kleinen Bären ganz schwindlig wurde. Schließlich war der Hase außer Atem.
»Du musst noch ein bisschen üben!«, keuchte er. Er legte die Ohren an und raste davon.
Der kleine Bär seufzte. Zum Üben hatte er nun gar keine Lust mehr. Aber es musste wohl sein. Er trottete weiter und brummelte vor sich hin: »Brumm, brumm, brumm!«
Der Hirsch trat auf die Lichtung. »Was ist das?«, fragte er.
Der kleine Bär jammerte: »Ich weiß nicht. Es sollte ein Lied werden.«
Der Hirsch runzelte die Stirn. »Ein Lied muss laut zu Gehör gebracht werden. Das ist das Wichtigste.« Er legte den Kopf zurück und röhrte, dass die Bäume zitterten und der kleine Bär Ohrenschmerzen bekam. Schließlich war der Hirsch heiser. »Du musst noch ein bisschen üben!«, krächzte er. Er reckte sein Geweih und stolzierte seines Weges.
Traurig ließ sich der kleine Bär ins Gras plumpsen. Die ganze Überei hat keinen Zweck, dachte er. Mama Bär wird kein Lied bekommen. Denn mein Lied ist und bleibt ein doofes Lied. Wütend schleuderte er einen Tannenzapfen gegen einen Baumstamm. Aber davon wurde ihm nicht besser. Der kleine Bär legte die Pfoten auf die Augen und weinte.
»He, du!«
Vorsichtig schaute der kleine Bär hoch. Vor ihm stand ein anderer Bär, genauso klein, genauso braun wie er selber. Der andere hatte die Pfote hinters Ohr gelegt, als ob er lauschte. Dabei war doch alles still.
»Ich suche ein Lied«, erklärte der andere Bär. »Vorhin hat es noch jemand gesungen. Aber jetzt ist leider nichts mehr zu hören.«
Der kleine Bär nickte. »Das war bestimmt ein Lied mit ganz hohen Tönen, die sich da oben«, er zeigte zum Himmel hinauf, »mit den Wolken mischen.«
Der andere Bär schüttelte den Kopf. »Nein, so ein Lied war das nicht.«
»Dann war es eins mit einem wilden Rhythmus, von dem die Erde bebt.«
»Nein«, sagte der andere Bär. »So ein Lied war es auch nicht.«

»Jetzt weiß ich, was du meinst. Es war ein Lied so laut wie ein Orkan.«

»Nein, so ein Lied war es erst recht nicht«, sagte der andere Bär. »Schade, dass ich es nicht wieder finden kann. Es war so schön.« Er wendete sich zum Gehen.

»Warte!«, sagte der kleine Bär. »Es ist doch nicht etwa dieses hier?« Ganz leise stimmte er sein Lied noch einmal an.

»Ja!«, rief der andere Bär erfreut. »Genau das ist es!«

»Und du findest es wirklich schön?«, fragte der kleine Bär ungläubig. Der andere Bär nickte. »Wunderschön!«

Dem kleinen Bären wurde vor Freude ganz warm. »Es ist ein Lied für Mama Bär«, erklärte er.

Er dachte einen Moment nach, dann lachte er. »Das Lied reicht auch für zwei Bärenmamas. Wenn du willst, bringe ich es dir bei.«

»Au ja!«, sagte der andere Bär. »Dann überraschen wir Mama Bär und Mama Bär zweistimmig.«

Ein Freund für Paulchen Pokus

Der kleine Zauberer Paulchen Pokus war einsam. Ich brauche einen Freund, dachte er. Aber das ist ja kein Problem für einen Zauberer. Paulchen Pokus schwang seinen Zauberstab und rief: »Simsalabim!«
Im selben Moment landete etwas unsanft auf Paulchens Fuß. Die Ampel von der Kreuzung nach Posemuckel. Aufgeregt blinkte sie rot.
»Au! Du bist kein Freund!«, schimpfte Paulchen Pokus empört. Er rieb seinen Fuß und ließ die Ampel verschwinden. Dann versuchte er es noch einmal: »Simsalabim!«
Ein wilder Löwe kam geflogen. Der fletschte die Zähne und wollte Paulchen fressen.
»Hilfe!« Vor Schreck flüchtete Paulchen auf den Apfelbaum. »Du bist erst recht kein Freund!«, schimpfte Paulchen von oben und zauberte den Löwen weg.
Aber so schnell wollte Paulchen nicht aufgeben. Er zauberte und zauberte: eine kaputte Waschmaschine. Eine garstige Gewitterwolke. Viele Dinge. Nur ein Freund war nicht dabei.
Jetzt gab es nur noch eine Rettung. Das Zauberbuch! Das hatte Paulchen schon oft geholfen. Ungeduldig zerrte er es aus dem Regal und schlug es auf. Er musste ein bisschen blättern, bis er endlich bei F etwas fand. FREUND stand dort. Und darunter: FREUNDE KANN MAN NICHT ZAUBERN.
Na so was! Wütend knallte Paulchen das Buch zu.

»Du bist ein blödes Buch!«, schrie er. »Verschwinde!« Beleidigt flog das Zauberbuch davon.

Paulchen Pokus blieb traurig zurück. Er setzte sich vor seinem Haus ins Gras und weinte. Plötzlich tippte ihm jemand auf die Schulter. Es war ein Mädchen mit einer Zahnlücke und Sommersprossen. Das Mädchen sah nett aus. Sehr nett. Schon auf den allerersten Blick.

Das Mädchen hatte etwas mitgebracht. Das hielt sie Paulchen hin. »Ist mir direkt in die Arme geflogen«, erklärte sie. »Und weil vorn dein Name und deine Adresse drinstehen, bringe ich es jetzt zurück.«

Das Zauberbuch!

Liebevoll strich Paulchen über den Buchrücken. »Entschuldige!«, flüsterte er. »Du bist natürlich kein blödes Buch.«

»Ich geh dann mal wieder!«, sagte das Mädchen.

»Nein, nein, warte!«, rief Paulchen Pokus. »Was ich nämlich fragen will . . . Also ich will fragen . . . Willst du mein Freund sein?«

»Na klar«, sagte das Mädchen und lachte über ihre ganze Zahnlücke.

»Juhu!«, schrie Paulchen und tanzte vor Freude im Garten herum.

Freunde kann man nicht zaubern. Aber das muss man auch gar nicht. Und darüber war Paulchen sehr glücklich.

Oma Karlson hat Geburtstag

Oma Karlson hat Geburtstag. Sie hat ihre Freunde eingeladen: Vitorio, den Eismann, Frau Trobolini, die Klavierkünstlerin, Tom Kick, den Fußballstar, und natürlich Max. Max ist Oma Karlsons allerbester Freund.

Max beeilt sich. Er will Oma Karlson nicht warten lassen. »Bitte nimm mein Geschenk mit! Ich habe leider keine Zeit!«, ruft Vitorio vom Eisstand.

»Da wird Oma Karlson aber traurig sein«, meint Max.

Vitorio seufzt. »Was soll ich machen? Ich habe hier alle Hände voll zu tun. Richte ihr einen schönen Gruß von mir aus!«

»Mach ich!«, sagt Max und rennt los.

»Halt!«, ruft Vitorio. »Das Geschenk!«

Doch Max dreht sich nicht mehr um. Was bleibt Vitorio übrig? Er schließt den Eisstand und rennt hinter Max her. »Max!«, ruft er. »Maaax!«

Aber Max ist schnell. So leicht holt ihn niemand ein.

Frau Torbolini schaut aus dem Fenster. »Gut, dass ich dich sehe!«, freut sie sich. »Bitte nimm mein Geschenk mit! Ich habe leider keine Zeit!«

»Da wird Oma Karlson aber traurig sein«, meint Max.

Frau Torbolini seufzt. »Was soll ich machen? Übermorgen ist mein großes Konzert. Richte ihr einen schönen Gruß von mir aus!«

»Mach ich!«, sagt Max und rennt weiter.

»Halt!«, ruft Frau Torbolini. »Das Geschenk!«

Doch Max dreht sich nicht mehr um. Was bleibt Frau Torbolini übrig? Sie klappt ihr Klavier zu und rennt hinter Max her.

»Max!«, keucht Vitorio.

»Max!«, ruft Frau Torbolini.

Aber Max ist schnell. So leicht holt ihn niemand ein.

Auf dem Fußballplatz wartet Tom Kick. »Gut, dass du kommst«, sagt er erleichtert. Bitte nimm mein Geschenk mit! Ich habe leider keine Zeit.«

»Da wird Oma Karlson aber traurig sein«, meint Max.

Tom Kick seufzt. »Was soll ich machen? Das Meisterschaftsspiel steht vor der Tür. Richte ihr einen schönen Gruß von mir aus!«

»Mach ich!«, sagt Max und rennt weiter.

»Halt!«, ruft Tom Kick. »Das Geschenk!«

Doch Max dreht sich nicht mehr um. Was bleibt Tom Kick übrig? Er schießt seinen Ball ins Tor und rennt hinter Max her.

»Max!«, japst Vitorio.

»Max!«, keucht Frau Torbolini.

»Max!«, ruft Tom Kick.

Aber Max ist schnell. So leicht holt ihn niemand ein.

Oma Karlson steht schon an der Tür. Sie breitet ihre Arme aus und fängt Max auf. »Wie schön, dass du alle Freunde mitgebracht hast!«, sagt sie.

»Ich?« Max grinst. »Sie sind ganz von selber hinter mir hergelaufen.«

»Aber ich wollte nur . . .«, japst Frau Torbolini.

»Und ich wollte nur . . .«, keucht Tom Kick.

Vitorio schnappt nach Luft und kann gar nichts mehr sagen.

Macht nichts, Oma Karlson hört sowieso nicht zu. Sie schiebt alle in den Garten. Unter dem Apfelbaum ist der Kaffeetisch gedeckt. In der Mitte steht der Kuchen, der gute, den nur Oma Karlson backen kann. Wie der duftet!

Vitorio schnuppert und vergisst seinen Eisstand.

»Herzlichen Glückwunsch, Oma Karlson!«, sagt er.

Frau Torbolini vergisst das Konzert und Tom Kick das Meisterschaftsspiel.

»Herzlichen Glückwunsch!«, sagen sie.

Oma Karlson strahlt. Und das erste Stück Kuchen, ein besonders dickes, das legt sie Max auf den Teller.

Sonntagsüberraschung für den Hamster

Die Maus strampelte die Decke weg und sprang aus dem Bett. Ich werde dem Hamster eine Sonntagsüberraschung bereiten, dachte sie. Ja, so etwas kann ich schon! Stolz schaute sie in den Spiegel. Groß bin ich nicht. Eher klein. Aber tüchtig!

Sie strich ihre Barthaare glatt, verabschiedete sich von ihrem Spiegelbild und hüpfte hinaus.

Der Hamster saß beim Frühstück. Als die Maus ins Zimmer kam, faltete er die Zeitung zusammen. »Schön, dass du mich mal besuchst«, sagte er und schob ihr ein Brötchen hin.

»Ich komme nicht einfach zu Besuch«, nuschelte die Maus mit vollem Mund, »ich komme in einer wichtigen Angelegenheit!«

»Da bin ich aber gespannt!«, sagte der Hamster erwartungsvoll.

Die Maus bohrte einen Gang in ihr Brötchen und rollte das Innere langsam zu einer Kugel.

»Nun sag schon!«, drängte der Hamster.

Die Maus ließ noch eine Brötchenkugel auf ihrer Zunge zergehen, ehe sie antwortete:

»Weil heute Sonntag ist, werde ich dich«, sie legte ihr Brötchen auf den Teller und reckte sich, »also, ich werde dich mit einer Super-Überraschung überraschen!« Triumphierend sah sie den Hamster an. Der schwieg voll Bewunderung. »Oder glaubst du etwa, dass ich dafür zu klein bin?«, fragte die Maus.

»Aber ganz und gar nicht«, versicherte der Hamster.

Die Maus kicherte. »Und nun bist du wohl schrecklich neugierig, nicht wahr?«

Der Hamster nickte: »Schrecklich neugierig! Willst du nicht wenigstens eine klitzekleine Andeutung machen?«

Die Maus steckte den Brötchenrest in den Mund und schüttelte den Kopf. »Von mir erfährst du nichts! Sonst ist es doch keine Überraschung mehr.«

»Ist auch wieder wahr«, sagte der Hamster.

Die Maus kippelte eine Weile auf ihrem Stuhl hin und her. Schließlich sagte sie: »Kannst du mir vielleicht nur ein ganz kleines bisschen behilflich sein?«

»Was soll ich tun?«, fragte der Hamster.

»Ich brauche das Rezept für deinen Lieblingskuchen!«, bat die Maus.

Der Hamster zog das dicke Backbuch aus dem Regal und schlug die Seite mit dem Fettfleck auf. Die Maus beugte sich über das Buch und fuhr mit der Pfote unter den Zeilen entlang. Als sie bei der letzten Reihe angekommen war, sagte sie: »Habe ich dir schon erzählt, dass ich noch nicht lesen kann?«

Da putzte der Hamster seine Brille, räusperte sich und las vor: »Butter, Honig, Mehl und Eier gut verrühren, eine Stunde backen.«

Die Maus hörte aufmerksam zu. »Aha«, nickte sie, »so geht das also.« Sie drehte ihre Barthaare um die Pfote. »Da ist noch eine Kleinigkeit«, sagte sie. »Ich habe mein Taschengeld schon ausgegeben und konnte nichts mehr einkaufen.«

Da ging der Hamster in die Speisekammer und holte Butter, Mehl, Honig und Eier.

Die Maus schleckte ein wenig vom Honig, probierte das Mehl und die Butter und zählte die Eier. Aber dann verfinsterte sich ihre Miene: »Meine Mutter lässt mich nicht mehr in die Küche, weil ich gestern den Pfannkuchenteig verkleckert habe.«

»Dann arbeite hier!«, schlug der Hamster vor.

»Aber wirst du dann nicht versuchen die Überraschung auszuspionieren?«, fragte die Maus misstrauisch.

»Bestimmt nicht!«, versprach der Hamster und steckte die Nase wieder in die Zeitung.

Die Maus warf die Zutaten in eine Schüssel und begann zu rühren. Bald tat ihr der Arm weh und sie ließ sich erschöpft auf den Stuhl sinken. Schüchtern klopfte sie an die Zeitung und fragte: »Könntest du mich wohl ein bisschen ablösen?«

Da kam der Hamster hinter seiner Zeitung hervor. Er nahm den Rührlöffel und rührte, dass der Teig hohe Wellen schlug. Die Maus steckte eine Pfote in die Schüssel und ließ sich den Teig auf die Zunge tropfen.

»Einfach köstlich!«, sagte sie und rieb sich den Bauch. Sie kostete noch ein zweites Mal. Dann schaute sie den Hamster bittend an und sagte: »Ich fürchte mich vor dem heißen Backofen.«

Da schob der Hamster die Kuchenform ins Rohr und bald zog ein herrlicher Duft durch die Küche.

Die Maus schnupperte und schloss die Augen.

»Ich kenne die Uhr nicht«, sagte sie beiläufig, »sagst du mir Bescheid,

wenn die Stunde vorbei ist?« Sie aß noch ein Brötchen, trank ein Glas Milch und ließ sich vom Hamster aus der Zeitung vorlesen.
Dann war es so weit. »Der Ofen ist jetzt wohl noch heißer als eben!«, vermutete die Maus.
Da nahm der Hamster den Kuchen heraus und stellte ihn auf den Tisch.
»Das wäre geschafft«, sagte die Maus stolz. »Jetzt musst du draußen warten, bis ich dich hereinrufe!«
Der Hamster ging hinaus. »Aber nicht durchs Schlüsselloch schauen, hörst du?«, rief die Maus hinter ihm her. Sie betrachtete den Kuchen andächtig, knabberte ihn auch ein wenig an. Probehalber. Und an einer Ecke, wo es nicht auffiel. Sie strich sich die Krümel aus den Barthaaren und deckte den Kuchen mit der Zeitung zu. »Kannst kommen!«, rief sie und machte die Tür weit auf.
»Ich wünsche dir einen schönen Sonntag!«, jubelte die Maus und zerrte den Hamster in die Küche. »Stell dir vor, ich habe eine Sonntagsüberraschung für dich! Schau mal unter der Zeitung nach!«
Vorsichtig kam der Hamster näher.
»Trau dich ruhig!«, sagte die Maus und hüpfte aufgeregt von einem Bein auf das andere.

Der Hamster zögerte noch einen Moment, dann hob er die Zeitung hoch.

»Jetzt staunst du, nicht wahr?«, fragte die Maus.

»Donnerwetter!«, sagte der Hamster. »Wo ich doch so gerne Kuchen esse. Noch dazu meine Lieblingssorte!«

»Das hättest du wohl nicht gedacht, dass ich so etwas schon kann!«, strahlte die Maus.

»Donnerwetter!«, sagte der Hamster noch einmal. »Du bist wirklich tüchtig!«

Die Maus nickte. »Das finde ich auch!«, sagte sie glücklich und strich ihre Barthaare glatt.

Die Kaffeeeinladung

Tante Klara will zum Kaffee kommen und Erdbeertorte mitbringen. Bollewipp hat den Kaffeetisch schon gedeckt. Jetzt räkelt er sich gemütlich auf dem Sofa. Gleich wird die Tante da sein.
Es klingelt.
Na also, Tante Klara ist pünktlich. Bollewipp rückt das Sofakissen zurecht und hüpft vergnügt zur Tür. Draußen steht die Nachbarin. Sie will ein Ei borgen.
»Ein Ei? Ja, natürlich. Bitte sehr!«
Bollewipp setzt sich wieder aufs Sofa. Aber da ist es jetzt nicht mehr so gemütlich. Dauernd muss Bollewipp zur Uhr schauen. Wo die Tante nur bleibt? Ob sie den Kaffeenachmittag vergessen hat? Nein, bestimmt kommt sie gleich.
Es klingelt.
Na bitte, auf Tante Klara ist Verlass. Bollewipp seufzt erleichtert und öffnet. Eine Frau steht vor der Tür. Sie möchte wissen, wo Familie Dieselmeier wohnt. Aber das weiß Bollewipp auch nicht.
Aufs Sofa mag er sich nun nicht mehr setzen. Unruhig läuft er durch die Wohnung. Vielleicht ist die Tante krank geworden? So etwas kommt manchmal ganz plötzlich.
Es klingelt.
Was für ein Glück. Die Tante ist gesund! Bollewipp rennt zur Tür. Dort

will ein Mann Zeitungen verkaufen. Bollewipp schüttelt traurig den Kopf. »Ich werde nie wieder Lust zum Lesen haben«, sagt er leise.

Bollewipp kauert sich in eine Ecke. Ganz klein vor Kummer. Jetzt ist alles klar. Die Tante kommt nicht mehr. Die Erdbeertorte isst sie lieber mit ihrer Freundin. Oder Räuber haben die Tante überfallen und die Erbeertorte geraubt. Verzweifelt vergräbt Bollewipp sein Gesicht in den Händen.

Es klingelt.

Bollewipp stellt sich taub. Sicher will wieder jemand etwas borgen oder wissen oder verkaufen. Darauf fällt Bollewipp nicht mehr herein. Es klingelt noch einmal. Misstrauisch späht Bollewipp durch die Finger.

Es klingelt Sturm. Bollewipp schlurft zur Tür und öffnet einen Spaltbreit. Draußen steht Tante Klara mit einer riesigen Torte. Ungläubig starrt Bollewipp sie an.

»Na, Bollewipp?«, wundert sich die Tante. »Willst du mich nicht reinlassen?«

»Äh . . . wie? Wieso . . . ? Doch! Natürlich!« Bollewipp reißt die Tür auf und strahlt.

»Ich hab gleich gewusst, dass du das bist«, sagt er. »So was hör ich nämlich am Klingeln.«

Piratengeburtstag

Eines Morgens wachte Pit Karo, der schrecklichste Pirat der sieben Weltmeere, mit einem weichen Gefühl im Magen auf. Und da er am Abend zuvor nicht mehr Rum als üblich getrunken hatte, blieb nur eine Erklärung: Ich habe Geburtstag, dachte Pit Karo gerührt.
Er hatte schon lange nicht mehr Geburtstag gehabt, als kleiner Junge das letzte Mal. Aber an das Geburtstagsgefühl im Magen konnte er sich plötzlich wieder ganz genau erinnern.
Und noch etwas fiel ihm ein. Zum Geburtstag gehörten unbedingt Geburtstagsgäste. Pit Karo hatte keine Gäste. Aber das wollte er sofort ändern. Auf seinem Schiff, der Grausigen Gerlinde, setzte er Segel und stach in See.
Bei den Silberklippen traf er den Klabautermann, der auf einer Planke südwärts ritt. Der Klabautermann war auf der Suche nach einem neuen Schiff, weil sein altes versucht hatte einen Eisberg zu laden und dabei gesunken war. Aber auf Pit Karo und seine Grausige Gerlinde hatte es der Klabautermann nun wirklich nicht abgesehen. Denn es hatte sich herumgesprochen, dass Pit Karo sich vor nichts fürchtete, nicht mal vor Klabautermännern. So gab der Klabautermann seiner Planke die Sporen und schoss davon, ohne sich um die Einladung zu kümmern.
Im Schwarzen Sund schipperte Bill Olof herum. Pit Karo hielt Kurs auf seinen Seeochsen, um die Geburtstagseinladung zu überbringen. Aber Bill Olof hatte beim Würfelspiel schlechte Erfahrungen mit Pit

gemacht. Deshalb feuerte er eine Kanonenladung auf die Grausige Gerlinde, hisste alle Segel und raste davon. Pit Karo überlegte einen Moment, ob er ihn verfolgen sollte, um ihm ein paar Manieren beizubringen. Aber dafür hatte er keine Zeit. Schließlich musste er Geburtstagsgäste einladen.

In Lüberg ging Pit Karo vor Anker. Er besuchte dort die Singende Lola in ihrer Hafenkneipe. Aber als sie von der Einladung hörte, keifte sie nur: »Zahl lieber mal deine Schulden! Mit 100 Goldstücken stehst du bei mir in der Kreide!« Pit Karo drehte auf dem Absatz um und verließ das Lokal. Die keifende Lola war nicht der richtige Geburtstagsgast.

Auf der Straße traf Pit Karo Alwine Gutbrot. Er vertrat ihr den Weg und fragte: »Willst du meinen Geburtstag mit mir feiern?«

Alwine Gutbrot hatte natürlich von Pit Karo gehört. Sie wusste, dass der schrecklichste Pirat der sieben Weltmeere vor ihr stand. Aber Alwine Gutbrot war ein ungewöhnlich mutiges Mädchen. Und Geburtstagsfeiern liebte sie über alles. Sie gab also ihre Zustimmung und segelte mit Pit Karo und der Grausigen Gerlinde davon.

Nun war Alwine Gutbrot die Tochter des reichen Kaufmanns Maximilius Gutbrot zu Lüberg. Und so blieb ihr Verschwinden nicht unbemerkt. Gutbrots Leute schlugen sofort Alarm. Maximilius Gutbrot schwor Rache, rüstete eine Flotte und nahm die Verfolgung auf. Weil er Alwine zurückhaben wollte, natürlich. Aber auch weil er Pit Karo,

dem schrecklichsten Piraten der sieben Weltmeere, schon lange das Handwerk hatte legen wollen.

Gutbrots Flotte war schnell, aber nie und nimmer hätten seine Schiffe die Grausige Gerlinde eingeholt, war doch Pit Karo der beste Segler weit und breit. Aber heute hatte es Pit Karo nicht eilig. Und so konnte die Flotte ihn schon bald stellen. Maximilius Gutbrot stieg in den Mastkorb und schrie: »Gib mir meine Tochter wieder!«

»Hol sie dir!«, schrie Pit Karo zurück.

Maximilius Gutbrot war genauso mutig wie seine Tochter. Er gab seiner Mannschaft den Befehl, auf keinen Fall zu schießen. »Denkt an Alwine!«, sagte er und setzte über.

Mit gezogenem Säbel kletterte er an Deck der Grausigen Gerlinde. Dort empfing ihn ein strahlender Pit Karo. »Herzlich willkommen bei meiner Geburtstagsfeier!«, sagte er.

Maximilius Gutbrot war sehr verblüfft. Aber bald hatte er seine Fassung wieder und forderte noch einmal seine Tochter.

»Alwine ist mein Gast, nicht meine Gefangene«, erwiderte Pit Karo. »Sie kann gehen, wann immer sie will.«

»Aber wo ist sie?«, fragte Maximilius Gutbrot und schaute sich suchend um.

»Hier bin ich, Papa!«, kam eine Stimme von oben. Maximilius Gutbrot legte seinen Kopf zurück. Hoch oben in der Takelage saß Alwine und winkte.

Donnerwetter! Dieses Mädchen ist seetauglich, dachte Pit Karo.

»Komm sofort herunter!«, befahl ihr Vater. Aber Alwine schüttelte den Kopf. »Erst wenn du versprichst, dass wir Topfschlagen spielen. Topfschlagen gehört zu einer Geburtstagsfeier.«

Maximilius Gutbrot seufzte. So hatte er sich die Befreiung seiner Tochter nicht vorgestellt. Alwine machte keinerlei Anstalten, herabzusteigen. Maximilius Gutbrot wusste, sie kletterte wie ein Seehörnchen, und er hatte keine Chance, sie dort oben zu erwischen.

»Also gut, Topfschlagen«, knurrte er.

»Ehrenwort?«, fragte Alwine.

Maximilius Gutbrot warf Pit Karo einen bösen Blick zu. »Das wirst du mir büßen!«, flüsterte er. »Topfschlagen, Ehrenwort!«, rief er hinauf.

Da ließ sich Alwine am Mast herunter und sie spielten Topfschlagen: Alwine, der reiche Kaufmann Maximilius Gutbrot und Pit Karo, der schrecklichste Pirat der sieben Weltmeere.

Maximilius Gutbrot war ein ehrenwerter Mann, der Wort hielt. Aber direkt nach dem Spiel forderte er erneut seine Tochter. Doch Alwine wollte weiter Geburtstag feiern und »Hänschen, piep einmal« spielen. »Sonst klettere ich wieder da hinauf!«, drohte sie. Was blieb Maximilus Gutbrot anderes übrig, als nachzugeben? Dafür durfte er zuerst piepen und machte seine Sache nicht schlecht.

Danach wollte Alwine immer noch nicht befreit werden. Sie wollte weiterspielen, solange ihr noch Spiele einfielen. Und sie kannte viele.

Donnerwetter! Dieses Mädchen kann wirklich feiern, dachte Pit Karo bewundernd. Maximilius Gutbrot protestierte nicht länger. Und er musste sich eingestehen, dass er nicht mehr so viel Spaß gehabt hatte, seit er selber ein kleiner Junge gewesen war und Geburtstag gehabt hatte. Erst als es dunkel wurde, schickten Alwine und Maximilius Gutbrot sich an zur gutbrotschen Flotte überzusetzen.

»Bis ich wieder Geburtstag habe«, verabschiedete Pit Karo seine Gäste. »Zwar weiß ich noch nicht, wann das sein wird, aber ich rechne fest mit eurem Kommen.« Bittend sah er Alwine an.

»Bei deinem nächsten Geburtstag, Pit Karo«, versprach Maximilius Gutbrot, »schmachtest du bereits im Kerker von Lüberg, wie es sich für den schrecklichsten Piraten der sieben Weltmeere gehört.«

»Nie und nimmer!«, erwiderte Pit Karo.

»Und wenn sie dich doch erwischen«, sagte Alwine und schenkte Pit Karo ein bezauberndes Lächeln, »dann feiern wir eben im Kerker von Lüberg.«

Sie winkte Pit Karo noch einmal zu, ehe sie sich an der Bordwand der Grausigen Gerlinde hinabließ. Pit Karo schaute ihr lange nach.

Am nächsten Morgen wachte Pit Karo, der schrecklichste Pirat der sieben Weltmeere, mit einem weichen Gefühl im Magen auf. Zu viel Rum? Nein, nicht mehr als üblich. Geburtstag konnte es auch nicht sein, denn so oft hintereinander hat man keinen. Das wusste er noch aus der Zeit, als er ein kleiner Junge gewesen war. Kein Rum, kein Geburtstag. Aber was dann? Plötzlich wusste Pit Karo Bescheid. Dann konnte es nur die Liebe sein. Pit Karo dachte an Alwine Gutbrot und seufzte.

Frauchens Liebling

Frauchen ist schon aufgestanden. Aber in ihrem Bett ist es noch warm und gemütlich. Taps rollt sich auf der Decke zusammen.
»Pfui, Taps!«, schimpft Frauchen.
Taps trollt sich. Frauchens Bett ist leider verboten.
Was liegt da auf dem Teppich? Bestimmt hat Frauchen ein neues Spielzeug für Taps mitgebracht. Wie nett von ihr. Taps beschnüffelt das unbekannte Ding. Riecht noch zu fremd! Taps nimmt es zwischen die Zähne und kaut darauf herum. Er reißt einen großen Fetzen heraus. Das macht Spaß!
»Taps!«, kreischt Frauchen entsetzt. »Mein neuer Hausschuh!«
Taps ist ein braver Hund. Sofort bringt er Frauchen den Hausschuh. Aber komisch, nun will sie ihn nicht mehr. Frauchen holt die Leine. Endlich geht es hinaus. Hinter Schulzes Zaun bellt Hasso. So ein Angeber! Dem muss Taps erst mal die Meinung bellen.
»Still, Taps!«, sagt Frauchen. So erfährt Hasso leider nicht, was Taps von ihm denkt.
Vor der Metzgerei bindet Frauchen Taps an. Alles Winseln nützt nichts. Taps darf nicht mit hinein. Dabei duftet es da drin so herrlich. Die Warterei ist langweilig. Nicht mal den Briefträger kann er richtig erschrecken. Der macht nämlich einen großen Bogen. Und Taps' Leine ist zu kurz.
Frauchen hat Taps einen Knochen mitgebracht. Was für ein schönes

Exemplar. Der ist viel zu schade zum Aufessen. Taps trägt seinen Schatz in den Garten. Er findet eine Stelle mit lockerer Erde. Dort kann man prima buddeln. Taps ist nicht faul. Er gräbt ein tiefes Loch und versteckt den Knochen darin.

»Taps, die schönen Tulpen!«, ruft Frauchen aufgebracht. Tulpen? Sind das die Dinger, die den Kopf so hängen lassen? Wahrscheinlich mögen die keine Knochen.

Vom letzten Regen ist noch Matsch übrig. So ein Glück. Mit allen vier Pfoten springt Taps hinein. Wie herrlich das spritzt! Und wenn Taps sich herumwälzt, bekommt sein Fell ein schönes Muster.

Jetzt ist es genug. Sicher hat Frauchen schon Sehnsucht nach Taps. Schnell läuft er ins Haus zurück.

»Igitt!« Entsetzt hält Frauchen sich die Nase zu. Sie zerrt Taps ins Badezimmer und setzt ihn in die Wanne. Taps möchte flüchten, aber Frauchen packt fest zu. Sie dreht das Wasser auf und spült all den schönen Matsch weg. Das ist schon schlimm genug. Aber dann rückt Frauchen auch noch mit dem Föhn an. Der knattert entsetzlich und versengt Taps fast das Fell.

Taps verkriecht sich in seinem Körbchen. Er ist ein netter und geduldiger Hund. Aber was zu viel ist, ist zu viel. Das Bad war eine Gemeinheit. Und wie Taps jetzt riecht! Nach Parfüm und Seife. So kann er sich nie mehr vor die Tür trauen.

Frauchen krault Taps den Rücken. »Taps«, flüstert sie. »Tapsilein!« Aber so leicht ist Taps nicht zu versöhnen. Da wäre ein Hundekuchen als kleine Entschuldigung schon besser. Taps legt eine Pfote über die Augen und blinzelt. Nein, von Hundekuchen sagt Frauchen kein Wort. Dann eben nicht. Beleidigt dreht Taps sich zur Wand.

Mitten in der Nacht wird Taps wach. Er lauscht in die Dunkelheit. Frauchen schläft schon. Taps schleicht an ihr Bett. Vorsichtig springt er hoch und rollt sich am Fußende zusammen. Taps ist nicht nachtragend. Er hat Frauchen verziehen. Und wenn sie morgen aufwacht, wird sie sich bestimmt darüber freuen.

Im nächsten Jahr bestimmt!

Die Äpfel lachten reif und rotbackig vom Baum. Ich muss sie pflücken, dachte der Bauer. Aber der Baum war hoch und Äpfelpflücken eine schwere Arbeit. Morgen pflücke ich sie, dachte der Bauer und ging heim.

Doch als er am nächsten Tag zu seinem Baum kam, waren die Äste leer. Geplündert!

Der Apfeldieb!, dachte der Bauer zornig. Er legte die Hand vor die Augen und hielt Ausschau. Vom Apfeldieb keine Spur mehr. »Im nächsten Jahr, da erwische ich ihn!«, drohte der Bauer und schüttelte seine Faust.

Als es wieder Herbst geworden war und die Äpfel reif und rotbackig vom Baum lachten, versteckte der Bauer sich im hohen Gras. Er musste nicht lange warten. Vorsichtig schlich der Apfeldieb heran und stieg in den Baum.

Tu du nur schön meine Arbeit, dachte der Bauer schadenfroh.

Der Apfeldieb turnte in den Zweigen und pflückte alle Äpfel. Dann kletterte er herunter und schulterte den dicken Sack.

»Hab ich dich!«, rief der Bauer und sprang aus seinem Versteck.

Der Apfeldieb rannte davon. Der Bauer hinterher.

Die Jagd führte durch die ganze Stadt. Im Warenhaus wurde gerade Eröffnung gefeiert. Der Apfeldieb schlüpfte durch die Eingangstür.

»Gleich habe ich dich!«, keuchte der Bauer und wollte hinterherrennen.

In diesem Augenblick stürzte der Geschäftsführer mit einem dicken Blumenstrauß auf ihn zu und rief: »Da ist er endlich! Der tausendste Kunde!« Begeistert schüttelte er dem Bauern die Hand.

»Ich muss doch den Apfeldieb fangen!«, sagte der Bauer verwirrt. Aber die Verkäuferinnen verstellten seinen Weg mit einem dicken Präsentkorb. Und der Reporter von der Zeitung rief: »Lächeln, bitte!«

Der Bauer legte die Hand vor die Augen und hielt Ausschau. Vom Apfeldieb keine Spur mehr.

»Aber im nächsten Jahr, da erwische ich ihn!«, drohte der Bauer und schüttelte seine Faust.

Im nächsten Herbst beobachtete der Bauer seinen Apfelbaum ungeduldig. Endlich fiel ihm der erste reife Apfel vor die Füße. Aufgeregt kroch der Bauer in sein Versteck. Auf den Apfeldieb war Verlass. Er kam pünktlich, tat seine Arbeit und lief davon. Der Bauer nahm die Verfolgung auf. Der Apfeldieb flüchtete ins Zirkuszelt und rannte durch die Manege. »Gleich habe ich dich!«, keuchte der Bauer. Er ergriff das Trapez, holte Schwung und hechtete ihm mit einem doppelten Salto hinterher.

»Großartig!«, jubelte der Zirkusdirektor und umarmte den Bauern. »Sie sind sofort engagiert!«

»Ich muss doch den Apfeldieb fangen!«, sagte der Bauer verwirrt. Aber die Kapelle spielte einen Tusch und das Publikum forderte begeistert noch eine Zugabe. Der Bauer legte die Hand vor die Augen und hielt Ausschau. Vom Apfeldieb keine Spur mehr. »Aber im nächsten Jahr, da erwische ich ihn!«, drohte der Bauer und schüttelte seine Faust.

Auch im nächsten Jahr enttäuschte der Apfeldieb den Bauern nicht. Er pflückte die Äpfel und floh. Der Bauer folgte ihm unverzüglich.

Im Sportstadion war gerade der Startschuss gefallen. Der Apfeldieb mischte sich unter die Läufer. »Gleich habe ich dich!«, keuchte der Bauer. Er setzte zum Endspurt an und schoss am Apfeldieb vorbei ins Ziel.

»Neuer Weltrekord!«, brüllte der Sportreporter ins Mikrofon. Die Zuschauer stürmten die Bahn und umringten den Bauern.

»Ich muss doch den Apfeldieb fangen!«, sagte der Bauer verwirrt. Aber er bekam eine Medaille um den Hals und wurde im Triumphzug durchs Stadion getragen. Er legte die Hand vor die Augen und hielt Ausschau. Vom Apfeldieb keine Spur mehr. »Aber im nächsten Jahr, da erwische ich ihn!«, drohte der Bauer und schüttelte seine Faust.

Und dann war es wieder so weit. Die Äpfel waren reif. Der Bauer lauerte in seinem Versteck. Aber wo blieb der Apfeldieb? Er kam und kam nicht. Er wird sich doch keinen anderen Baum gesucht haben, dachte der Bauer beunruhigt.

Schließlich machte er sich auf die Suche nach dem Apfeldieb. Er fragte alle Leute auf der Straße und klingelte an jeder Tür. Und tatsächlich, er fand den Apfeldieb. In seinem Bett, zugedeckt bis zu den Ohren.

»Warum faulenzt du?«, fragte der Bauer streng. »Weißt du nicht, dass die Äpfel reif sind?«

Der Apfeldieb schob die Decke weg und zeigte traurig auf sein Bein, ein dickes weißes Gipsbein.

So musste der Bauer selber auf seinen Baum steigen. Der war hoch und Äpfelpflücken eine schwere Arbeit. Der Bauer schwitzte und schnaufte. Endlich war er fertig. Den schweren Sack stellte er dem Apfeldieb direkt neben das Bett.

»Bis zum nächsten Jahr!«, sagte der Bauer und schüttelte dem Apfeldieb zum Abschied die Hand. »Denn dann erwische ich dich ganz bestimmt!«

Ein guter Platz für Osterhasen

Die Osterhasen sitzen vor der Landkarte. Sie besprechen, wo die Eier in diesem Jahr versteckt werden sollen. Ein paar Hasen wollen Eier ins Dorf bringen. Andere wollen in den Wald gehen, wieder andere sogar in die Berge kraxeln.
»Und was ist mit der großen Stadt?«, fragt Max, der kleinste Osterhase. In diesem Jahr darf er zum ersten Mal beim Eierverstecken helfen.
»In der großen Stadt verstecken wir schon lange keine Eier mehr«, erklären die anderen Osterhasen. »Dort traut sich kein Osterhase hin.«
»Doch! Ich trau mich!«, sagt Max.
Die anderen Osterhasen wackeln besorgt mit den Ohren: »Die große Stadt ist kein guter Platz für Osterhasen«, warnen sie. Aber Max lässt sich nicht Bange machen. Mit den schönsten Ostereiern in der Kiepe hoppelt er los.
In der großen Stadt ist viel Betrieb. Die Leute hasten vorbei. Niemand achtet auf Max. Ein Mann rempelt ihn an. Dabei fällt ein Ei aus der Kiepe und zerbricht. Schade drum!
Von den anderen Hasen hat Max gelernt, wo man Eier versteckt. Auf einer Wiese. Oder unter einem Strauch. Aber hier gibt es keine Wiese. Und keinen Strauch. In einer Hofeinfahrt steht eine Mülltonne. Vorsichtig schaut Max hinein. Pfui, wie das stinkt! Schnell lässt er den Deckel fallen.

Die Straßenbahn hält. Vielleicht gibt es dort gute Verstecke. Max steigt ein. Er legt ein Ei unter den Sitz. Die Straßenbahn fährt in die Kurve, das Ei rollt gegen die Wand und bekommt einen Sprung.

»Fahrscheinkontrolle!«, dröhnt eine Stimme. Ein Kontrolleur schaut streng auf Max herab. »Also, wo ist dein Fahrschein?«

»Ich . . .«, stottert Max. »Ich habe doch . . . ich bin doch . . .«

»Ein Schwarzfahrer! Na warte, das wird dich teuer zu stehen kommen.«

Zum Glück kann Max an der nächsten Haltestelle entwischen. »Halt!«, schreit der Kontrolleur. Aber Max schlägt ein paar Haken und bringt sich in Sicherheit.

FROHE OSTERN MIT STERN-MARKT steht über der Tür vom Supermarkt. Hier bin ich richtig, denkt Max erleichtert und geht hinein. In einem Regal liegen viele bunte Ostereier. Ob hier doch schon ein Osterhase war? Max nimmt ein Ei und betrachtet es genau. Nein, dieses Ei ist nicht echt. Nur Goldpapier und Schokolade.

»Was tust du da?« Der Ladendetektiv baut sich vor Max auf. »Eier stehlen, was? Zeig mal deinen Kassenzettel!«

»Ich brauche keinen Kassenzettel«, verteidigt sich Max. »Ich bin doch der Osterhase.«

Der Ladendetektiv packt Max bei den Ohren. »Auch noch frech werden! Osterhasen gibt es nur in der Werbung.«

Der Geschäftsführer eilt herbei. »Lassen Sie den Lümmel laufen!«, verlangt er. »Egal, wo er die Eier gestohlen hat. Wir führen solche Eier nicht.«

»Verschwinde! Und lass dich hier nie mehr blicken«, schimpft der Ladendetektiv.

Bestimmt nicht! So schnell er kann rennt Max davon. An einem Laternenpfahl schnappt er nach Luft.

»Na, Kleiner, Currywurst gefällig?«, fragt die Frau aus der Imbissbude.

»Nein, danke. Aber wenn Sie vielleicht ein Möhre hätten?«

»Möhren?« Die Frau runzelt die Stirn. »Machst du Witze?«

Max schüttelt traurig den Kopf. Nach Witzen ist ihm nicht zu Mute. Er

ist müde. Seine Füße brennen. Und er hat schreckliches Heimweh. Aber er hat ja immer noch kein einziges Ei versteckt.

In dem Moment entdeckt er den Baum. Am Straßenrand steht er. Ein richtiger Baum. Bäume taugen gut zum Eierverstecken. Vielleicht wird doch noch alles gut.

Ein großer schwarzer Hund beschnüffelt den Baumstamm. Als Max sich nähert, springt der Hund mit wütendem Gebell auf ihn zu. Entsetzt rennt Max auf die Straße. Bremsen quietschen, Autos hupen. Max rast weiter. Nur weg! Weg aus der großen Stadt!

Jemand fängt Max auf. Der will sich losreißen. Aber die fremden Arme halten ihn fest. »Was machst du denn für Sachen?«, fragt eine Stimme. Eine freundliche Stimme. Die Stimme gehört einem Mädchen. »Ich heiße Tine«, sagt sie. »Und wer bist du?«

Max keucht. Sein Herz rast. »Der Osterhase«, stößt er hervor.

»Also doch!«, sagt Tine triumphierend. »Und mir erzählen alle, den Osterhasen gibt es nicht. Was tust du hier, Osterhase?«

»Eier verstecken«, sagt Max.

»Auweia!«

Max folgt Tines Blick. Da sieht er die Bescherung. Bei seiner wilden Flucht hat er alle Ostereier aus der Kiepe verloren. Und die Autos haben sie platt gefahren.

»Hätte ich doch auf die anderen gehört«, schluchzt Max. »Die große Stadt ist wirklich kein guter Platz für Osterhasen.«

»Das wollen wir erst mal sehen«, sagt Tine entschlossen. »Wir brauchen neue Eier. Komm!«

Sie lässt Max auf ihrem Skateboard aufsitzen. Das ist gut für wehe Füße. Vor dem Stern-Markt halten sie an.

»Oh, nein«, protestiert Max. »Da gehe ich auf keinen Fall hinein.«

»Dann warte hier!«, sagt Tine. »Aber nicht wieder auf die Straße laufen!« Sie nimmt die Kiepe und geht in den Supermarkt. Besorgt schaut Max ihr nach. Sicher zieht der Ladendetektiv Tine auch an den Ohren. Aber nach einer Weile kommt Tine zurück und kichert. »Ich habe dem

Geschäftsführer klar gemacht, dass das eine prima Reklame ist. Da hat er mir ein paar Eier geschenkt.«

Ein paar Eier? Die Kiepe ist voll. Auf jedem Ei prangt ein Stempel FROHE OSTERN MIT STERN-MARKT.

»Solche Eier verstecke ich nicht«, sagt Max empört.

»Warte erst mal ab«, beruhigt ihn Tine. »Die sind ja noch nicht fertig.«

Mit dem Skateboard sind sie blitzschnell beim Güterbahnhof. Dort besprühen ein paar Jungen einen Waggon mit wilden Mustern.

»He!«, ruft Tine. »Wir brauchen ein paar Künstler!«

Das lassen sich die Jungen nicht zweimal sagen. Bald ist von FROHE OSTERN MIT STERN-MARKT nichts mehr zu sehen. Die Eier leuchten in grellen Farben. Sie sehen anders aus als die Eier, die der Osterhase von daheim kennt. Aber sie sind trotzdem wunderschön.

»Danke!«

Tine und Max fahren weiter. Bei den Hochhäusern hält Tine an und klingelt ihre Freunde herbei.

»Ein echter Osterhase?«, staunen die Kinder. »Toll!«

Natürlich wollen alle beim Eierverstecken helfen. Mit Rollern und Skatern und Kettcars sausen sie los.

Komisch, in der großen Stadt gibt es doch viele gute Verstecke. Im Stadtpark, auf dem Wochenmarkt und beim alten Kino. Die Osterhasen daheim werden Augen machen, wenn Max davon erzählt. Aber so eilig hat er es jetzt nicht mehr, nach Hause zu kommen. Zuerst muss er mit seinen neuen Freunden im Stadtpark Skateboard fahren üben. Skateboard fahren ist sehr praktisch für Osterhasen.

»Kommst du nächstes Jahr wieder, Osterhase?«, fragen die Kinder.

»Klar!«, sagt Max zufrieden. »Die große Stadt ist ein guter Platz für Osterhasen.«

Der Postkutschenraub von Hard Rock

Klara und Larissa wohnten in Hard Rock, einer kleinen Stadt irgendwo hinten im Wilden Westen. Dort hatten sie ein kleines Haus und zwei schnelle Pferde. Aber zufrieden waren sie damit nicht. Denn ihr ganzes Leben hatten sie in Hard Rock verbracht und noch nichts von der Welt gesehen. Zu gern wären sie einmal gereist. Rund um den Erdball. Oder bis zu den Schwarzen Bergen. Oder wenigstens nach Silver City. Doch zum Reisen fehlte ihnen das Geld.

»Reich müsste man sein«, wünschten sich die Schwestern oft.

Wie wird man reich im Wilden Westen? Man überfällt eine Postkutsche. Nun war Hard Rock eine so kleine Stadt so weit hinten im Wilden Westen, dass Postkutschen ausgesprochen selten vorbeikamen. Aber eines Tages plauderte der Bankdirektor in Charlys Saloon ein Geheimnis aus. Eine Postkutsche sei unterwegs von Silver City nach Hard Rock. Und sie brächte einen Sack voll Gold für die städtische Bank.

Klara und Larissa warfen sich nur einen Blick zu, dann rannten sie aus dem Saloon und bestiegen ihre Pferde. Ihr Ziel war das Tal der Krähenfelsen. Jeder, der nach Hard Rock wollte, musste durch dieses Tal. Es war eng und dunkel mit großen Felsbrocken rechts und links des Weges. Ein guter Platz für einen Überfall auf eine Postkutsche.

»Wir dürfen nicht zu spät kommen«, sagte Klara. Da winkte die Lehrerin aus dem Schulfenster. »Ich habe meine Brille daheim vergessen!«, rief sie. »Jetzt kann ich nicht sehen, ob jemand abschreibt.«

Die Schwestern seufzten. Sie ritten zum Lehrerhaus und holten die Brille.

»Ihr seid immer so nett!«, rief die Lehrerin. Aber Klara und Larissa ritten davon, ohne sich noch einmal umzudrehen.

Sie kamen nicht weit. Der Doktor stand vor seinem Haus. Er schwenkte ein Fläschchen in der Hand und rief: »Der Schmied braucht dringend diese Medizin. Und ich habe das Wartezimmer voller Patienten.«

Die Schwestern seufzten. Sie wendeten ihre Pferde und brachten das Fläschchen zur Schmiede.

»Ihr seid immer so nett!«, rief der Doktor. Aber Klara und Larissa galoppierten davon, ohne sich noch einmal umzudrehen.

Hinter der Stadt lag die Farm von Elias. Elias stand am Tor. »Mein schwarzer Hengst ist ausgebrochen!«, rief er. »Ich kann ihn nicht einfangen.«

Die Schwestern seufzten. Sie rissen ihre Pferde herum und folgten der Spur des schwarzen Hengstes.

»Ihr seid immer so nett!«, rief Elias, als sie den Hengst zurückbrachten. Aber Klara und Larissa stoben davon, ohne sich noch einmal umzudrehen.

Endlich lag das Tal der Krähenfelsen vor ihnen. Klara und Larissa trieben ihre Pferde an und kümmerten sich nicht um das Geröll und die Felsspalten. Schon hinter der zweiten Biegung entdeckten sie die Postkutsche. Die Türen waren geöffnet, die Pferde ausgeschirrt. Auf dem Kutschbock saß der Kutscher. Gefesselt.

»Nun sind wir doch zu spät gekommen«, murmelte Larissa enttäuscht.
»Bindet mich los!«, rief der Kutscher.
Die Schwestern seufzten. »Er kann nichts dafür«, sagte Klara.
»Sicher hätte er sich lieber von uns ausrauben lassen«, sagte Larissa. Sie stiegen vom Pferd und befreiten den Kutscher. Der zeigte in Richtung Silver City. »Dorthin ist der Schurke geritten«, rief er.
Klara und Larissa warfen sich einen Blick zu und sprangen auf ihre Pferde.
»Ihr seid so nett!«, rief der Kutscher. Aber Klara und Larissa brausten davon, ohne sich noch einmal umzusehen.
Zuerst war der Räuber nur ein schwarzer Punkt am Horizont. Aber Klara und Larissa trieben ihre Pferde an. Und bald wurde der schwarze Punkt größer und größer. Er bekam einen Kopf mit Hut darauf und einen Po mit Pferd darunter. Und einen Sack über der Schulter. Einen prall gefüllten Sack. Klara und Larissa warfen ihre Lassos und fingen den Räuber. Und alles Fluchen und Betteln nützte ihm nichts. Die Schwestern wickelten ihn ein und verschnürten ihn fest. Ungeduldig rissen sie den Sack auf: Goldstücke! Lauter Goldstücke!
Vorsichtig tasteten Klara und Larissa nach dem Gold. Sie befühlten es, hielten es gegen die Sonne und Klara biss sogar hinein. Es blieb dabei: Das Gold war echt.
»Reich! Endlich reich!« Klara und Larissa fielen sich um den Hals. Sie tanzten und lachten. Die Reiter bemerkten sie nicht.
»Da sind sie!«, sagte eine Stimme.

Die Schwestern fuhren herum. Es war der Sheriff von Hard Rock. Und er war nicht allein gekommen. Der Kutscher war bei ihm, der Bankdirektor, der Schmied, der war noch ein bisschen blass, und Elias mit seinem schwarzen Hengst, der hatte die Lehrerin vor sich im Sattel.

Klara und Larissa erstarrten.

»Ich habe Hilfe geholt«, erklärte der Kutscher.

»Dabei habe ich gleich gewusst, dass Klara und Larissa ganz allein mit dem Schurken fertig werden«, verkündete die Lehrerin stolz.

Der Sheriff räusperte sich. »Hard Rock ist stolz auf euch, weil ...«

»... ihr das Gold gerettet habt!«, rief der Bankdirektor dazwischen.

»Aber ...«, die Schwestern schauten sich verständnislos an, »aber ...«

Doch die anderen warteten ihre Antwort nicht ab. Der Sheriff lud den Räuber auf, der Bankdirektor verstaute den Goldsack.

Alle nahmen Klara und Larissa in die Mitte und ritten zurück nach Hard Rock.

Viele Leute hatten sich vor Charlys Saloon versammelt. Sie jubelten Klara und Larissa zu, den Heldinnen des Tages.

Der Räuber musste mit einer Zelle im Gefängnis von Hard Rock vorlieb nehmen. Klara und Larissa dagegen erhielten vom Bankdirektor eine Belohnung, nicht den ganz großen Reichtum, aber immerhin mehr Geld, als sie je zuvor gesehen hatten.

Klara stieß Larissa an und zeigte zum Gefängnis hinüber. »Da könnten wir jetzt sitzen«, flüsterte sie. Larissa nickte.

»Und das würde uns gar nicht gefallen«, fuhr Klara fort. Larissa nickte wieder.

»Also wenn noch einmal eine Postkutsche nach Hard Rock kommt«, erklärte Klara mit erhobenem Finger, »dann interessieren wir uns überhaupt nicht für sie.«

Aber da schüttelte Larissa energisch den Kopf. »Wenn wieder einmal eine Postkutsche nach Hard Rock kommen sollte«, sagte sie und klopfte auf die Tasche mit der Belohnung, »dann kaufen wir uns eine Fahr-

karte und fahren mit. Rund um den Erdball. Oder bis zu den Schwarzen Bergen. Oder wenigstens bis Silver City.«
»Genau! Das machen wir!«, rief Klara. »Hoffentlich kommt die nächste Postkutsche schon bald!«

Streit um den Mond

Die Maus macht ihren Abendspaziergang. Neben der alten Ulme legt sie eine Pause ein. Was für ein herrlicher Abend. Warm und weich. Und dazu dieser Mond. Rund ist er und silbern. Zufrieden lehnt die Maus sich zurück.

Der Hamster hastet vorbei. Eilig wie immer.

»'n Abend«, presst er hervor. Aber dieser Abend hat mehr verdient, findet die Maus.

»Gehst du auch spazieren?«, versucht sie ein Gespräch.

Der Hamster bleibt wirklich stehen. »Spazieren?«, knurrt er verächtlich. »Dafür habe ich nun wirklich keine Zeit. Ich zähle gerade meine Vorräte.« Er schlägt sein Kontorbuch auf. »Ich besitze genau dreiundzwanzig Scheffel Weizen. Und außerdem . . .« Der Hamster blättert um. »Außerdem siebzehn Scheffel . . .«

Aber die Maus will nicht über Vorräte reden. Nicht an so einem Abend.

»Schau doch mal den Mond an!«, ruft sie. »Ist er nicht herrlich?«

Der Hamster wirft einen kurzen Blick nach oben. »Herrlich? Ja, ja. Ich habe auch schon große Pläne mit ihm: ›Eintrittskarten für Mondbetrachtungen‹. Das wird ein Riesengeschäft.«

»Eintrittskarten?«, fragt die Maus. »Wie meinst du das?«

»Ja, weißt du es denn nicht?« Stolz reckt sich der Hamster. »Der Mond gehört mir!«

»Dir?«

»Mir! Mein Urgroßvater hat ihn gekauft. Ein sehr günstiges Geschäft.« Der Hamster reibt sich die Pfoten. »Für zehn Scheffel Weizen. Und seither ist der Mond im Familienbesitz.«

»Was redest du da?«, schnarrt die Eule. Lautlos ist sie aus dem Wipfel der Ulme geglitten. »Der Mond gehört in meine Familie. Schließlich hat meine Urgroßtante seine Umlaufbahn berechnet. Auf den Millimeter genau. Und als Anerkennung wurde ihr damals ein Orden verliehen.« »Und . . .«, die Eule schaut den Hamster herausfordernd an, »und die Besitzurkunde über den Mond.«

Der Hamster bläst empört die Backen auf. »Die Besitzurkunde? Über meinen Mond?«

Er will noch mehr sagen, da steckt der Fuchs den Kopf aus seinem Bau. »Redet ihr von meinem Mond?«, fragt er drohend. »Den hat mein Großvater erworben und meinem Vater vererbt.«

»Erworben?«, höhnt die Eule. »Du meinst wohl gestohlen.«

Ausnahmsweise stimmt der Hamster zu. »Genau! Noch niemals hat jemand aus deiner Familie etwas rechtmäßig erworben.«

»Na und?« Der Fuchs grinst. »Das ist alles längst verjährt. Jetzt gehört der Mond jedenfalls mir.«

»Mir gehört der Mond!«, kreischt der Hamster. »Mit zwanzig Scheffel Weizen ehrlich bezahlt.«

»Geld und Geschäfte!«, erregt sich die Eule. »Das ist alles, was du weißt. Aber von der Wissenschaft hast du keine Ahnung.«

»Klugscheißer seid ihr!«, blafft der Fuchs dazwischen.

Die Maus presst die Pfoten auf die Ohren. Aber das Gezanke hört sie trotzdem noch. Schade um den schönen Abend. Der Nachtwind säuselt heran. Er pustet der Maus einen Gruß zu. Dann bläst er sich mächtig auf und schiebt eine besonders dicke graue Wolke vor den Mond.

Für einen Moment ist es ganz still. Dann brüllt der Fuchs. »Jemand hat den Mond geklaut.«

»Halunken!« Der Hamster schwenkt sein Kontorbuch wie eine Keule. »Wir müssen sie fassen!«

»Ehe die wissenschaftlichen Erkenntnisse in falsche Krallen kommen!«, ruft die Eule.

Fuchs und Hamster rennen los. Die Eule bleibt zurück. »Und du?«, forscht sie.

»Ich . . . also . . .«, stottert die Maus. Der Nachtwind raunt ihr etwas ins Ohr. »Ja, genau!«, ruft die Maus erleichtert. »Ich halte hier Wache.«

»Gut so!«, schnarrt die Eule und gleitet hinter den anderen her.

Die Maus seufzt erleichtert. Was für ein herrlicher Abend. Warm und weich. Und dazu diese Wolke. Dick ist sie und gemütlich. Zufrieden lehnt die Maus sich zurück und lässt sich vom Nachtwind das Fell kraulen.

Liebe Niete

Tim und Lisa bummeln zusammen über den Rummel. Tim möchte Berg-und-Tal-Bahn fahren.

Aber Lisa zieht ihn weiter zur Losbude. Dort gibt es als Hauptgewinn einen riesengroßen Wal. Fast so groß wie ein richtiger. Er ist aus grauem Plüsch und hat ganz treue Augen. »Den muss ich haben«, sagt Lisa. Tim winkt ab. »Hier gibt es doch nur Nieten«, sagt er verächtlich. Aber Lisa kauft trotzdem ein Los. Schnell reißt sie es auf.

Leider nicht gewonnen!, steht da.

»Siehst du!«, sagt Tim. Dann läuft er zur Berg-und-Tal-Bahn hinüber. Unschlüssig geht Lisa hinterher. Dauernd dreht sie sich nach dem Wal um.

Plötzlich klingelt die Glocke an der Losbude. »Freie Auswahl!«, ruft der Losbudenbesitzer. Angstvoll rennt Lisa zurück. Eine Frau hat gewonnen und darf sich etwas aussuchen. Sie überlegt und überlegt. Endlos! Lisas Herz klopft bis zum Hals. Wenn die Frau nun Lisas Wal mitnimmt? Nicht auszudenken.

Aber endlich hat sich die Frau entschieden. Für eine große Topfpflanze. Lisa ist so erleichtert, dass sie der Frau am liebsten einen Kuss geben würde. Aber dazu hat sie gar keine Zeit. Lisa muss Lose kaufen. Für ihr ganzes Geld. Das erste Los ist wieder eine Niete. Auf den anderen stehen Zahlen. Rechnen kann Lisa jetzt nicht. Dazu ist sie viel zu aufgeregt. Zum Glück ist Tim wieder da. Und er kann rechnen. »Freie Auswahl!«, sagt er und hält dem Losbudenmann die Lose hin.

»Und schon wieder ein Hauptgewinn!«, schreit der und klingelt mit seiner Glocke.

»Ich ... Wir ...«, stottert Lisa. Mehr kriegt sie nicht heraus. Da sagt Tim: »Wir nehmen den Wal.«

Glücklich schließt Lisa den Wal in ihre Arme. Sie lacht Tim an. »Ich denke, hier gibt es nur Nieten!«, sagt sie.

Tim grinst. »Wer sagt denn so etwas Dummes?«, fragt er. Dann lädt er Lisa und den Wal in die Berg-und-Tal-Bahn ein.

Auf dem Heimweg schleppen Lisa und Tim den Wal zu zweit. Lisa hält den Kopf und Tim den Schwanz. »Puh!«, stöhnt er. »Eine Niete wäre leichter gewesen.«

Lisa streichelt ihren Wal und lacht. »Nieten sind aber längst nicht so lieb!«, sagt sie.

Nachrichten aus aller Welt

Der kleine Wind schlurft durch den Park. Niemand ist draußen. Niemand, dem der kleine Wind den Hut vom Kopf reißen könnte. Niemand, dem er in die Frisur fahren könnte. Niemand, mit dem er um die Wette laufen könnte. Wie langweilig.

Auf der Leine hängt eine Sonntagshose. Vielleicht bringt die ein bisschen Spaß. Der kleine Wind zerrt sie von der Leine. Er probiert sie an und dreht sich hin und her. Bah, so eine Sonntagshose ist schrecklich. Sie kneift und kratzt. Nicht mal einen Salto kann man mit ihr machen. Schnell wirft der kleine Wind die Hose auf die Leine zurück.

Und was nun? Soll er ein paar Ziegel vom Schulhausdach werfen oder im Holunderbusch auf bessere Zeiten warten? Unschlüssig schaut er sich um. Da kommt Oma Petersen den Parkweg entlanggeschlendert, ihre Zeitung unter dem Arm. Auf der Bank unter der alten Kastanie macht sie Halt, schlägt die Seite mit den Nachrichten aus aller Welt auf, rückt ihre Brille zurecht und will anfangen zu lesen.

Endlich passiert etwas! Der kleine Wind schleicht sich an, überfällt Oma Petersen und stibitzt ihr die Nachrichten aus aller Welt. Ganz übermütig pustet er das Zeitungsblatt vor sich her.

»Halt! Halt!«, schreit Oma Petersen.

Halten? Der kleine Wind denkt nicht daran. Kichernd treibt er seine Beute durch den Park. Oma Petersen will hinterherlaufen. Aber natürlich ist sie längst nicht so schnell wie der kleine Wind. Der jagt das

Zeitungsblatt aus dem Park hinaus. Er fegt damit durch alle Straßen der Stadt. Er wirbelt es um den Kirchturm, bis von den Nachrichten aus aller Welt nur noch ein Knäuel übrig geblieben ist.

Oje! Kleinlaut rollt der kleine Wind das Knäuel zurück in den Park, Oma Petersen vor die Füße.

Die glättet das Zeitungsblatt vorsichtig. »Na, komm schon!«, sagt sie und winkt dem kleinen Wind zu. Erleichtert schlüpft der in die Zweige der alten Kastanie. Oma Petersen rückt ihre Brille zurecht und liest ihm die Nachrichten aus aller Welt vor. Der kleine Wind hört gespannt zu und raschelt nur manchmal ganz leise mit den Zweigen.

Einkaufsbummel

Die Maus will Honigkuchen backen. Sie hat ihren Freund Bär dazu eingeladen. Die Maus holt alle Zutaten herbei. Fehlt noch etwas? Der Honig!

»Ich kaufe schnell welchen«, sagt der Bär und rennt zu seinem neuen Auto. Der Supermarkt ist ganz nah. Aber seitdem der Bär das neue Auto hat, läuft er nicht mehr. Er steigt ein und braust los.

Er braust nicht lange. Viele Autos sind unterwegs und der Bär kommt nur langsam voran. Macht nichts, denkt er. Ich bin ja gleich da. Er dreht das Radio an und singt laut mit. In der Talstraße fahren die Autos gar nicht mehr. Kein winziges Stück.

»Achtung, Stau in der Talstraße«, sagt eine Stimme im Radio.

»Das seh ich selber!«, schimpft der Bär und macht das Radio aus.

Endlich geht es weiter. Der Bär blinkt und fährt auf den Parkplatz. Der ist ganz voll. Der Bär muss viermal um den Supermarkt herumfahren. Endlich entdeckt er eine Parklücke. Aber ein kleiner blauer Sportflitzer saust an ihm vorbei und
stellt sich hinein.

Der Bär kurbelt die Scheibe runter. »He, da will ich parken!«, ruft er. Doch der Fahrer geht davon und dreht sich nicht mal um. »Du Dieb!«, ruft der Bär ihm nach. »Du Parklückendieb!«
Er will noch mehr rufen, aber hinter ihm hupen schon ungeduldig die Autos. Wütend gibt der Bär Gas und fährt weiter zum Parkhaus.
Die Fahrt dauert lang, denn das Parkhaus liegt hinter sieben roten Ampeln und drei verstopften Kreuzungen.
Der Supermarkt ist jetzt gar nicht mehr nah. Er ist weit weg. Müde kommt der Bär dort an. Ein Verkäufer will gerade die Tür abschließen. Aber den Bären lässt er ausnahmsweise noch hinein. Doch im Regal steht kein Honig. Kein einziges Glas.
»Wo ist der Honig?«, fragt der Bär verzweifelt.
»Gerade hat jemand das letzte Glas gekauft«, bedauert der Verkäufer.
»Was mach ich jetzt?«, jammert der Bär. Traurig geht er davon. Am liebsten würde er zur Maus gehen. Das wäre ganz nah. Aber er kann sein neues Auto doch nicht im Parkhaus stehen lassen. Es hilft nichts. Der Bär muss den ganzen langen Weg laufen. Als er zurückfährt, ist es schon dunkel. Nur noch wenige Autos sind unterwegs. Aber jetzt hat es der Bär nicht mehr so eilig. Was wird die Maus dazu sagen, dass er ohne Honig kommt?
Bei der Maus brennt Licht. Vorsichtig steckt der Bär den Kopf durch die Tür. »Ich muss dir etwas sagen«, beginnt er kleinlaut.
Bei der Maus riecht es herrlich. Es riecht nach . . .

»Nun setz dich erst mal!«, sagt die Maus und schiebt dem Bären einen Teller hin. Kuchen! Honigkuchen! Wie ist das möglich?

Die Maus lacht. »Ich bin zum Supermarkt gelaufen. Das ist ja nicht weit. Dort habe ich das letzte Glas Honig erwischt.«

»Ach, du warst das!«, staunt der Bär. Und dann sagt er gar nichts mehr, bis er satt ist.

Das dauert ein, das dauert zwei, das dauert drei Stück Honigkuchen.

»Fährst du das nächste Mal wieder mit dem Auto zum Honigholen?«, fragt die Maus.

Der Bär schüttelt den Kopf. »Nein, ich fahre überhaupt nicht. Du holst den Honig und ich rühre solange den Teig.«

»Das könnte dir so passen«, sagt die Maus. »Damit du den ganzen Teig aufschlecken kannst!«

»Aber ich schlecke doch nicht am Teig«, empört sich der Bär. Die Maus kichert. Da muss der Bär auch lachen. »Ich wollte sagen, ich schlecke doch nicht am Teig, wenn kein Honig drin ist!«

Zeit lassen

Mathilda ist eine viel beschäftigte Hexe. Sie hat immer einen dicken Terminkalender und jede Menge Aufträge. Auch heute muss sie wieder tausend Dinge hexen. Aber vorher braucht sie einen Löffel Hexentrank. Ohne Hexentrank kann keine Hexe hexen.

Mathilda holt die grüne Flasche aus dem Schrank. Aber leider ist sie leer. Kein Tropfen Hexentrank ist übrig. Wie dumm! Ausgerechnet heute, wo Mathilda besonders viel Arbeit hat!

Aber alles Jammern nützt nichts. Mathilda muss neuen Hexentrank kochen. Und dafür braucht sie den Hexenkessel. Wo steckt der bloß? Mathilda muss lange suchen. Endlich entdeckt sie den Kessel im Apfelbaum. Richtig, Mathilda wollte Äpfel plücken. Aber die waren noch nicht reif. Da hat sie den Kessel einfach in einen Ast gehängt. Das ist schon eine Weile her. Egal, Hauptsache, Mathilda kann endlich Hexentrank kochen. Und dann nichts wie an die Arbeit!

Aber was ist das? Der Kessel ist nicht leer. Mama Rabe sitzt darin und brütet. Erschrocken schaut sie Mathilda an. »Ich dachte, hier wäre frei«, entschuldigt sie sich.

»Nein«, sagt Mathilda ungeduldig. »Hier ist nicht frei. Das ist mein Kessel und den brauche ich! Sofort.«

»Die armen Eier!«, jammert Mama Rabe. »Meine lieben armen Eier!«

Mathilda schluckt. Mama Rabe und die Eier tun ihr Leid. Aber für Mitleid hat sie nun wirklich keine Zeit. »Beeil dich!«, drängelt sie.

»Ich tue mein Bestes!«, verspricht Mama Rabe. Sie schließt die Augen und konzentriert sich.

Mathilda geht missmutig ins Hexenhaus zurück. Sie blättert ein bisschen im Hexenbuch. Sie kaut an den Fingernägeln. Und vor allem: Sie langweilt sich.

In der Ecke steht der alte Besen. Der ist ganz verstaubt. Früher ist Mathilda oft mit ihm geflogen. Über den Wald, um die Berge und manchmal sogar bis in die Wolken. Aber dafür hat sie schon lange keine Zeit mehr gehabt. Vielleicht langweilt sich der alte Besen auch. Vielleicht will er mal wieder fliegen. Ein bisschen Bewegung könnte ihm nicht schaden. Mathilda denkt an ihre Arbeit und seufzt. »Na gut! Aber nur eine klitzekleine Runde.«

Vorsichtig steigt Mathilda auf und fliegt durchs Fenster. Donnerwetter, sie hat noch nichts verlernt. Mathilda wird mutiger. Sie fliegt höher und höher. Fliegen macht Spaß! Das hatte Mathilda schon ganz vergessen. Eine Weile fliegt Mathilda mit dem Wind. Aber das ist ein lahmer Geselle und Mathilda hat ihn bald abgehängt. Lachend jagt sie über den Wald. Sie saust um den Berg und schlägt einen Salto in den Wolken. Nun ist es genug. Schade! Aber Mathilda muss Hexentrank kochen. Sie muss endlich mit dem Hexen beginnen. Sie dreht noch einen Looping und landet im Apfelbaum.

Verlegen blinzelt Mama Rabe aus dem Kessel.

»Bist du etwa immer noch nicht fertig?«, fragt Mathilda.

»Ich tue, was ich kann. Aber es geht einfach nicht schneller!« Vor lauter Aufregung kann Mama Rabe nur noch heiser krächzen.

»Ich kann immer noch keinen Hexentrank kochen?«, fragt Mathilda.

»Es wäre nicht gut für die Eier!«, bestätigt Mama Rabe leise.

»Ich kann also heute gar nicht hexen?«, will Mathilda wissen.

Mama Rabe nickt unglücklich.

Mathilda drückt Mama Rabe ein Küsschen auf den Schnabel. »Tja, dann muss ich wohl noch eine klitzekleine Runde drehen«, ruft sie fröhlich. Sie springt auf den Besen und startet.

Aber dann fällt ihr noch etwas ein. Sie dreht eine elegante Schleife um den Apfelbaum. »Mama Rabe, was ich noch sagen wollte«, ruft sie. »Lass dir beim Brüten ruhig Zeit. Lass dir viel Zeit!«
Mathilda lacht und winkt und rast davon.

Bollewipps Frühstückshunger

Bollewipp wacht hungrig auf. Er springt aus dem Bett und rennt in die Küche. Der Kühlschrank ist leer. Der Brotkasten ist auch leer. Bollewipp hat kein Frühstück.

Ich kaufe mir 2 Hörnchen, denkt Bollewipp. Nein, besser 3, 3 Hörnchen. Er nimmt die Einkaufstasche vom Haken.

Was fehlt noch?

Richtig, der Einkaufszettel. Bollewipp geht nie ohne Einkaufszettel einkaufen. Deshalb schneidet er ein Stück vom Zeitungsrand ab, spitzt den Bleistift und schreibt: *4 Hörnchen.*

Er befühlt die Stelle, wo gestern noch sein Bauch war. Jetzt ist nur noch ein Loch da, ein Hunger-Loch.

Bollewipp streicht die 4 und schreibt eine 5: *5 Hörnchen.*

Er faltet den Zettel zusammen, nimmt die Einkaufstasche und rennt los. An der Straßenecke bleibt er stehen. Er kann die Bäckerei schon sehen. Und riechen! Bollewipp schließt die Augen und schnuppert. 5 Hörnchen reichen nicht, denkt er und kramt den Einkaufszettel hervor. Aber er findet keinen Bleistift. So wirft er der Bäckerei einen sehnsüchtigen Blick zu und trottet heim. Dort ist ein Bleistift. Bollewipp streicht die 5 und schreibt 6: *6 Hörnchen.*

Rennen kann Bollewipp jetzt nicht mehr. Sein Hunger ist nämlich ein Riesenhunger geworden. Bollewipp ist ganz schwach und muss sich unterwegs ein paarmal ausruhen.

Endlich kommt er doch in der Bäckerei an.

»Na, Bollewipp, was möchtest du?«, fragt die Bäckersfrau.

Bollewipp wühlt in seiner Hosentasche. Er wühlt in seiner Jackentasche. Er wühlt in seiner Einkaufstasche.

»Mein Einkaufszettel!«, stöhnt er verzweifelt. »Ich habe ihn verloren!«

»Stärk dich erst mal!«, sagt die Bäckersfrau und schenkt Bollewipp ein Hörnchen. Das ist noch ganz warm.

Bollewipp schließt die Augen und beißt hinein. Er lässt den ersten Bissen auf der Zunge zergehen. Dann setzt er sich vor den Laden in die Sonne und frühstückt.

Auf dem Heimweg kann er wieder rennen. Und hüpfen. Und die Einkaufstasche schlenkern. Und er kann drei Treppenstufen auf einmal nehmen. Auf dem Tisch liegt ein zusammengefalteter Zeitungsrand.

Bollewipp faltet ihn auseinander und liest: *6 Hörnchen.*

Er befühlt die Stelle, wo am Morgen das Hunger-Loch war.

Jetzt ist der Bauch da, ein zufriedener, satter Bauch.

Bollewipp streicht die 6 und schreibt: *kein Hörnchen.*

Sorgfältig glättet er den Zeitungsrand und klebt ihn wieder an die Zeitung.

Ein richtiger Urlaub

Herr Sechsbein war Käferforscher. Jeden Morgen stand er mit dem ersten Sonnenstrahl auf und ging hinaus, um nach Käfern zu suchen. Und damit er auch bestimmt keinen übersah, bückte er sich beim Gehen so tief, dass die Grashalme ihn an der Nase kitzelten. Hatte er einen Käfer aufgespürt, dann krabbelte er hinterher. Dass ihm dabei Steine die Knie aufschürften oder Dornen das Gesicht zerkratzten, machte ihm gar nichts aus. Er bemerkte es nicht einmal. Wenn der Käfer eine Pause machte, betrachtete Herr Sechsbein ihn durch seine Lupe. War der Käfer schließlich unter einem Stein oder in seinem Erdloch verschwunden, machte Herr Sechsbein sich auf die Suche nach einem neuen. Erst am Abend ging er nach Hause. Und ganz frühmorgens, mit dem ersten Sonnenstrahl, begann er wieder mit dem Forschen. So ging das viele Jahre.
Aber eines Morgens war alles anders. Die Sonne wollte Herrn Sechsbein wecken. Aber der brummte nur unwillig und zog sich die Decke über die Ohren. Und als er dann endlich doch aus dem Bett kroch, schmerzte sein Rücken.
Das kommt von der ewigen Bückerei, dachte Herr Sechsbein und verließ kerzengerade das Haus. So konnte er nicht gut suchen. Und es war schon Mittag, als er auf einem Blatt den ersten Käfer entdeckte. Da merkte Herr Sechsbein, dass er seine Lupe vergessen hatte. Das war ihm noch nie passiert. Der Käfer machte sich wieder auf die Beine und

Herr Sechsbein wollte hinterherkrabbeln. Aber seine Knie schmerzten zu sehr. Wie aufgescheuert sie waren! Und ganz vernarbt! Das war ihm vorher noch nie aufgefallen. So geht es nicht weiter!, dachte Herr Sechsbein. Ich brauche dringend Erholung. Er beschloss Urlaub zu machen. Weit weg von zu Hause. Weit weg von allen Käfern.

Sofort rannte er heim und packte seinen Koffer. Dann fuhr er mit der Bahn. Mit dem Schiff. Und flog sogar noch ein Stück mit dem Flugzeug. »Das wird reichen«, sagte er zu sich selbst und mietete ein Zimmer in einem Hotel.

Sofort begann er mit der Erholung. Er zog die Gardinen vor die Fenster, ließ keinen Sonnenstrahl hinein und blieb jeden Tag bis Mittag im Bett. Dann ruhte er sich in einem Liegestuhl auf der Terrasse aus. Wenn er doch mal einen kleinen Spaziergang machte, schaute er nicht auf den Weg. Auf keinen Fall wollte er einen Käfer entdecken.

Aber schon nach wenigen Tagen fiel es ihm schwer, lange zu schlafen. Er langweilte sich in seinem Liegestuhl. Und bei seinen Spaziergängen hätte er gar zu gern einmal den Boden abgesucht. Aber er dachte daran, dass er sich erholen wollte, und hielt tapfer die Nase in die Luft. So kam es, dass er einmal ein Loch in der Straße übersah, stolperte und hinfiel. Wie er so dalag und prüfte, wo es ihm am meisten wehtäte, entdeckte er etwas Grünglänzendes, das vor seiner Nase entlangkrabbelte.

Sofort vergaß Herr Sechsbein seine Schmerzen. Tatsächlich! Ein Käfer! Ein besonders schönes Exemplar! Der Käfer war auf einem Stein ange-

kommen und sonnte sich. Herr Sechsbein lag auf der staubigen Straße und war glücklich. Als der Grüne den Heimweg antrat, folgte Herr Sechsbein ihm auf allen vieren. Und es machte ihm gar nichts aus, dass ihm Steine die Knie aufschürften und Dornenranken das Gesicht zerkratzten. Er merkte es nicht einmal.

Noch am selben Tag kaufte Herr Sechsbein eine Lupe. Jetzt beginnt der Urlaub erst richtig, dachte er und rieb sich die Hände. Von nun an stand er immer mit dem ersten Sonnenstrahl auf, verließ das Hotel tief gebeugt, krabbelte hinter Käfern her, beobachtete, forschte und kam erst am Abend zurück. Die Urlaubstage vergingen wie im Flug.

Genau so muss Urlaub sein, dachte Herr Sechsbein bei der Abreise. Mal was ganz anderes erleben! Jetzt wird mir die Arbeit daheim wieder leichter von der Hand gehen. Und er konnte es kaum erwarten, nach Hause zu kommen.

Wenn es sogar schon in der Zeitung steht

Norbert Nilpferd liest seine Sonntagszeitung. Da kommt Mara Maus zu Besuch. Mara ist Norberts Freundin.

»Hallo, Mara!«, sagt Norbert. Mehr sagt er nicht. Er steckt die Nase wieder in die Zeitung.

Mara wartet. Und wartet. Norbert blättert und liest. Ob er Mara vergessen hat?

»He, Norbert!«, versucht es Mara.

»Hmm«, brummelt Norbert und liest weiter. Mara langweilt sich.

»Soll ich dir vielleicht ein bisschen vorlesen?«, fragt sie.

Nun schaut Norbert doch über den Zeitungsrand. »Du kannst doch gar nicht lesen«, sagt er verwundert.

»Natürlich kann ich lesen! Ich werde es dir beweisen.« Mara nimmt Norbert die Zeitung weg. »Also, hör mal zu. Hier gleich auf der ersten Seite steht etwas Wichtiges: Norbert soll mit Mara spielen. Wirklich, das steht da.«

»So?«, fragt Norbert erstaunt. »Das habe ich gar nicht gesehen.«

»Macht nichts«, sagt Mara und faltet die Zeitung schnell zusammen. »Zum Vorlesen hast du ja mich. Spielen wir jetzt endlich?«

»Müssen wir ja«, brummt Norbert. »Wenn es sogar schon in der Zeitung steht.«

Mächtig stark

Mara und Norbert kaufen ein.
Brot und Milch.
Äpfel und Bananen.
Butter und Käse.
Salat und Kartoffeln.
Und Kaugummi.
Norbert trägt die schwere Tasche. Mara darf auf seinem Rücken reiten.
Den Kaugummi hat sie unter den Arm geklemmt.
Stolz schaut sie auf ihr Paket.
»Zusammen sind wir stark, nicht wahr, Norbert?«, fragt sie.
»Ja, das sind wir«, sagt Norbert. »Zusammen sind wir mächtig stark.«

Vielfraß

Mara und Norbert machen einen Ausflug zum Spielplatz. Dort halten sie Picknick mit Brötchen und Kuchen und Äpfeln und Wurst. Schließlich ist nur noch eine Möhre im Korb.
»Ich bin satt«, sagt Mara und klopft auf ihren Bauch.
Da isst Norbert die letzte Möhre. Endlich ist der Korb leer .
»Komm wippen!«, ruft Mara. Sie setzt sich auf die Wippe und hält sich gut fest. Norbert setzt sich auf die andere Seite.
Rums!
Mara saust in die Höhe. Sie strampelt und zappelt. Sie bläst ihre Backen auf und macht sich ganz schwer.
Aber es nützt nichts. Die Wippe rührt sich nicht.
»Das kommt davon, weil du so ein Vielfraß bist, Norbert«, sagt Mara streng.
»Ein Vielfraß?«, fragt Norbert erstaunt.
»Ja! Die Möhre hättest du wirklich nicht mehr essen müssen.«

Die warme Jacke

Mara hat ihre Jacke vergessen. Uii, wie kalt. Sie hat schon eine ganz rote Nase.

»Ich friere nicht«, sagt Norbert und wickelt Mara in seine große, warme Winterjacke.

»Danke, lieber Norbert!«, sagt Mara. »Ich borge dir meine Jacke bestimmt auch mal.«

Der fünfhundertste Geburtstag

Am Sonntag muss Alexander mit Mama und Papa zum Marktplatz gehen. Dort redet der Bürgermeister, weil vor 500 Jahren der Steinerne Heinrich geboren worden ist. Damals war er natürlich noch nicht aus Stein. Er war ein ziemlich normales Baby. Später wurde er dann ein berühmter Mann. Und als der richtige Heinrich gestorben war, bauten die Leute einen Sockel auf den Marktplatz und stellten den Steinernen Heinrich darauf.

Der Steinerne Heinrich schaut ernst und feierlich auf seine Geburtstagsgäste herab. Die Kapelle spielt ernste und feierliche Musik. Alexander langweilt sich. Schade um den schönen Sonntag!

»He, du!«

Alexander dreht sich um.

»He, du! Dich meine ich!«

Alexander schaut und sucht, aber er findet niemanden.

»Alexander, steh still«, sagt Mama.

»He, du, schau mal zu mir hoch!«

Alexander legt den Kopf schief und schaut hoch. Aber da ist niemand. Niemand außer dem Steinernen Heinrich. Alexander starrt ihn an. Das ist doch ganz und gar unmöglich!

»Na endlich! Sag mal, hast du Pommes frites?«

Alexander ist so überrascht, dass er gar nichts sagen kann. Er schüttelt nur den Kopf.

»Mist! Nicht mal an meinem Geburtstag bekomme ich welche!«
Der Steinerne Heinrich spricht! Was werden Mama und Papa dazu sagen? Aber seltsam. Die hören gar nichts.
»Spendierst du mir eine Tüte?«, bettelt der Steinerne Heinrich. »Weil ich doch Geburtstag habe!«
»Papa«, sagt Alexander und zieht ihn am Ärmel.
»Pst!«
»Ich brauche Geld! Für Pommes frites!«
Die Kapelle lässt den letzten Ton verklingen. Der Bürgermeister geht ans Rednerpult und breitet die Blätter mit seiner Rede vor sich aus. Viele Blätter!
»Papa!«
Papa seufzt. Er holt ein paar Münzen aus der Tasche. Schnell schlüpft Alexander zwischen den Leuten durch.
»Aber mit Majonäse bitte!«, ruft der Steinerne Heinrich hinter ihm her.
Die Imbissbude ist nicht weit. Als Alexander zurückkommt, erzählt der Bürgermeister gerade, wie Heinrichs Mutter seinen Vater kennen lernte. »Was für eine Liebe!«, ruft der Bürgermeister begeistert.
»Aber nicht schmatzen!«, flüstert Mama.
Alexander steht auf dem Sockel und hält die Tüte. Die Pommes frites duften. Ein Mann leckt sich die Lippen und fragt leise: »Wo hast du die denn her?« Alexander deutet mit der freien Hand zur Bude. Der Mann zwängt sich durch die Reihen und kommt mit einer großen Portion Pommes mit Ketschup zurück. Immer mehr Leute kramen nach ihren

Portmonees und verschwinden. Der Bürgermeister berichtet über die Aufsehen erregende Erfindung, die der Steinerne Heinrich schon als Zweijähriger gemacht hat.

»Eine Portion...«, er räuspert sich noch einmal, »ich meine eine Sensation, eine wahre Sensation.«

Ein köstlicher Duft breitet sich über dem Marktplatz aus. Die Musiker stellen ihre Instrumente ab und steigen vom Podium. Der Erste Stadtrat macht dem Trompeter ein Zeichen. Für mich auch, heißt das.

»Und nun ein Gedicht, das unser lieber verehrter Heinrich im zarten Alter von nur sieben Jahren...« Der Bürgermeister schließt verzückt die Augen. »Welch ein Duft! Äh, ich meine, welche Poesie, ich meine... also das Gedicht und alles andere können Sie, meine lieben Zuhörer, ja in unserer Festschrift nachlesen.« Entschlossen rafft er seine Blätter zusammen und winkt dem Ersten Stadtrat. So muss der sich doch noch selber auf den Weg machen. »Mit Majonäse und Ketschup!«, schreit der Bürgermeister ihm nach.

Die Tüte in Alexanders Hand ist leer. Er knüllt sie zusammen und sagt: »Ich will auch Pommes frites!«

»Aber du hattest doch gerade welche!«, staunt Papa.

»Kaufen wir ihm eben noch eine Tüte«, sagt Mama. »Ich habe auch Appetit bekommen!«

Alexander will sich vom Steinernen Heinrich verabschieden. Der hat einen Fleck auf der Backe. Einen Ketschupfleck. »Aber wir hatten doch Majonäse, oder?«, flüstert Alexander. Der Steinerne Heinrich schweigt.

»Du hast aus fremden Tüten genascht, stimmt's?«, sagt Alexander und kichert.

»Komm jetzt!«, ruft Papa. »Wir holen uns Pommes frites. Und dann unternehmen wir etwas Schönes.«

Alexander zwinkert dem Steinernen Heinrich zu. »Das mit dem Naschen bleibt natürlich unter uns.«

Der Steinerne Heinrich schaut über den Marktplatz. Ernst und feierlich. Mit einem Ketschupfleck auf der Backe.

Keine Arbeit für einen Professor

Blinky ist ein kleiner Roboter. Er gehört Professor Schraube. Der Professor ist sehr stolz auf ihn. Er hat Blinky selbst erfunden und zusammengebaut. Blinky macht die Hausarbeit. Er wäscht ab, räumt auf und putzt. Er steckt sogar die Socken vom Professor in die Waschmaschine. Der Professor selbst hat keine Zeit für so etwas. Er schreibt nämlich ein Buch. Das schlauste Buch über Roboter. Damit wird er berühmt. Außerdem ist Hausarbeit nichts für einen Professor, findet er.

Aber eines Tages türmt sich der Abwasch in der Küche. Der Fußboden hat klebrige Flecke. Die Socken vom Professor hängen an der Lampe. Was ist mit Blinky los? Der hockt in einer Ecke und seine Antennen baumeln schlaff herab.

Das haben wir gleich, denkt Professor Schraube. Er baut Blinky eine neue Batterie ein. Aber es hilft nichts. Blinky schaut den Professor aus seinen Glühbirnenaugen nur traurig an.

Der Professor blättert in seinem Buch. Aber das schlauste Buch über Roboter ist noch nicht fertig und der Professor findet keine Antwort. Besorgt schraubt er an dem Roboter herum. Er kontrolliert alle Sicherungen. Er wechselt den Hauptschalter. Aber Blinky rührt sich nicht. Professor Schraube ist verzweifelt.

Zum Glück kommt gerade Oma Schraube zu Besuch. »Wie sieht es denn bei dir aus?«, fragt sie und rümpft die Nase.

»Meine Erfindung ist kaputt!«, jammert der Professor.

Oma Schraube schaut Blinky prüfend an. Sie legt ihm die Hand auf die Stirn. »Der ist krank!«, sagt sie fachmännisch. Der Professor muss mit anpacken. Zusammen bringen sie Blinky ins Bett und decken ihn warm zu. Oma Schraube kocht Lindenblütentee. Sie reibt Blinkys Schaltkastenbrust mit heißem Kamillenöl ein und liest ihm eine Geschichte vor.
»Und du räumst inzwischen hier auf!«, verlangt sie.
»Wo denkst du hin!«, empört sich der Professor. »Hausarbeit ist nichts für einen Professor.«
Na, warte, denkt Oma Schraube und kichert leise. Jeden Tag kommt Oma Schraube und kümmert sich um den kleinen Roboter. In der Wohnung sieht es furchtbar aus. Überall Dreck und Gerümpel. Aber der Professor bleibt dabei: »Hausarbeit ist nichts für einen Professor!«

Nach ein paar Tagen blinken Blinkys Glühbirnenaugen wieder. Seine Antennen zeigen Empfangsbereitschaft. Blinky kann seine Arme ausfahren und mit Oma Schraube Karten spielen.
»Donnerwetter!«, staunt der Professor. »Eine völlig neue Methode, wie man einen Roboter heil macht. Das muss ich sofort in mein Buch schreiben.« Er spitzt seinen Stift und will anfangen.

»Aber das Wichtigste weißt du noch nicht«, sagt Oma Schraube.

»Was denn?«, fragt der Professor neugierig.

»Ich diktiere es dir«, sagt Oma Schraube und fängt gleich damit an. Der Professor schreibt alles in sein Buch. Er liest und stutzt. Er liest noch einmal. »Ein kranker Roboter muss eine Weile geschont werden. In dieser Zeit muss sein Erfinder höchstpersönlich aufräumen und sauber machen . . . Aber . . .«, Professor Schraube schaut verwirrt hoch , »das ist doch unmöglich. Ich meine, ich kann doch nicht . . .«, stottert er. »Das ist doch keine Arbeit für einen Professor.«

»Aber wenn es doch im Buch steht«, sagt Oma Schraube. »Im schlausten Buch über Roboter.«

»Ja dann«, sagt Professor Schraube, »dann muss es wohl stimmen.« Missmutig schlurft er in die Küche und lässt Wasser einlaufen. Oma Schraube zwinkert Blinky zu und mischt die Karten für ein neues Spiel.

Kollegen

Mirkoslaf Mistkäfer wohnte auf der Wiese von Bauer Harms. Immer wenn die Kuh Luise einen Fladen fallen ließ, rückte Mirkoslaf an. Er hob ein Loch aus und verbuddelte den Fladen. Oft schuftete er bis zum Abend. Dann putzte er seine schwarzgrünen Flügeldeckel und betrachtete stolz seine saubere Wiese.

Herr Hübschreich, ein vornehmer Herr aus der Stadt, ging gern auf Bauer Harms' Wiese spazieren. Einmal stolzierte er durchs Gras, atmete tief und wollte gerade an einem Weideröschen schnuppern, da zog ein anderer Duft in seine Nase. Ein Kuhfladen! Wie ekelhaft! Und was das Schlimmste war: Auf dem Fladen krabbelte ein Käfer herum. Herr Hübschreich rang nach Luft. Endlich rief er: »Pfui! Schämst du dich nicht?«

Mirkoslaf schaute Herrn Hübschreich erstaunt an. Der war inzwischen richtig in Rage gekommen.

»Verschwinde, du Mistwühler!«, schrie er. »Dreckfinken haben auf dieser Wiese keinen Platz!«

So war Mirkoslaf in seinem ganzen Leben noch nicht beleidigt worden. Empört ließ er seine schwarzgrünen Flügeldecken aufblitzen. Dann verließ er die Wiese, ohne Herrn Hübschreich noch eines Blickes zu würdigen.

Herr Hübschreich rannte entsetzt nach Hause. Lange konnte er sich von diesem schockierenden Erlebnis nicht erholen. Erst nach Wochen, als die Sonne besonders schön schien, bekam er wieder Lust auf einen Spaziergang.

Warum auch nicht?, dachte er. Schließlich habe ich den Kerl ja vertrieben. Gut gelaunt machte er sich auf den Weg zur Wiese. Dort ließ er sich neben einer Lichtnelke nieder. Tief atmete er ein. »Oh, diese herrliche Landluft!«

Landluft? Herr Hübschreich schnupperte. Er rümpfte die Nase. Vorsichtig schaute er sich um. Und da entdeckte er das Unfassbare: Er thronte mitten in einem Kuhfladen.

Gerade kam Bauer Harms dahergeradelt. Herr Hübschreich sprang auf und hielt ihm anklagend sein Hinterteil hin. »Schauen Sie sich die Bescherung an!«, rief er.

Bauer Harms kratzte sich am Kopf. »Komisch!«, sagte er. »Mirkoslaf ist doch sonst immer so zuverlässig.«

»Mirkoslaf?« Herr Hübschreich verstand nicht.

»Ja, Mirkoslaf Mistkäfer. Er vergräbt alle Kuhfladen. So hält er die Wiese sauber. Und bisher hat er noch nie gefaulenzt.«

Herr Hübschreich schaute Bauer Harms entgeistert an. Mirkoslaf, der Mistwühler? Der Dreckfink? Der hatte dafür gesorgt, dass die Wiese sauber war?

Aber nun war er fort und alles war Herrn Hübschreichs Schuld. Herr Hübschreich schämte sich. Aber dann kam ihm plötzlich eine Idee. Sofort machte er sich auf die Suche nach Mirkoslaf.

Mirkoslaf saß am Waldrand und döste vor sich hin. Noch nie in seinem Leben hatte er Urlaub gemacht. Er versuchte es schön zu finden, aber er langweilte sich. Außerdem hatte er Heimweh. Traurig schloss Mirkoslaf die Augen.

Da hörte er eine Stimme, die ihm bekannt vorkam. »Mirkoslaf?«

Mirkoslaf blinzelte. Schnell kniff er die Augen wieder zu. Mit diesem Menschen wollte er nicht reden. Auf keinen Fall.

»Mirkoslaf! Komm zurück!«, bettelte Herr Hübschreich. Aber Mirkoslaf rührte sich nicht.

»Es tut mir Leid, Mirkoslaf«, sagte Herr Hübschreich leise und wandte sich zum Gehen.

Mirkoslaf öffnete vorsichtig ein Auge. Da entdeckte er den Fladen auf Herrn Hübschreichs Hinterteil. Ein herrlicher Fladen. Ganz frisch. Augenblicklich vergaß Mirkoslaf seine Vorsätze und rannte los, so schnell seine Beine ihn trugen.

Noch vor Herrn Hübschreich kam er auf der Wiese an. Atemlos sah er sich um. Wie es hier aussah! Überall lagen Kuhfladen. Viel Arbeit! Zu viel Arbeit für einen kleinen Käfer allein.

Aber Mirkoslaf war nicht mehr allein. Herr Hübschreich war inzwischen auch eingetroffen. Herausfordernd sah Mirkoslaf ihn an. Herr Hübschreich erschrak. »Du meinst . . . du meinst, ich sollte . . . Nein, das kannst du unmöglich meinen.«

Mirkoslaf zuckte mit den Flügeldeckeln, drehte sich um und stolzierte langsam, sehr langsam davon.

Nun ist sowieso schon alles egal, dachte Herr Hübschreich und rief: »Warte, Mirkoslaf! Ich helfe dir!«

Gemeinsam machten sie sich an die Arbeit und ließen einen Fladen nach dem anderen in der Erde verschwinden. Die Sonne ging schon unter, als sie endlich fertig waren. Mirkoslaf putzte seine schwarzgrünen Flügeldeckel. Herr Hübschreich atmete tief.

Stolz betrachteten sie ihre saubere Wiese. Herr Hübschreich lächelte Mirkoslaf zu. Und der lächelte zurück. Er war nicht nachtragend und wusste, wann man einem Kollegen verzeihen muss.

Das Nachtkonzert

Bodo Hase fährt erschrocken aus seinem Bett hoch. Was ist das für ein Lärm? Feueralarm? Oder ein Überfall?

Bodo reißt den alten Regenschirm vom Haken. So bewaffnet rennt er aus dem Haus.

Draußen trifft er Leni Murmeltier. Sogar die ist vom Krach wach geworden.

»Was ist los?«, schreit Bodo. Aber Leni weiß es auch nicht. Zusammen gehen sie auf die Suche.

Hinter der Holunderhecke machen sie eine Entdeckung. Dort bläst Heini Hamster Trompete, was seine Backen nur hergeben. Paul Dachs schlägt die Saiten seiner Gitarre und singt dazu aus voller Kehle. Als er Bodo und Leni entdeckt, winkt er ihnen fröhlich zu. Heini setzt die Trompete ab und ruft: »Da staunt ihr, was? Unser Nachtkonzert ist doch wirklich eine tolle Überraschung.«

Das findet Bodo gar nicht. »Ihr habt uns aus dem Schlaf gerissen«, schimpft er.

»Genau«, zetert Leni.

Aber Heini und Paul hören nichts vom Schimpfen. Sie spielen schon weiter. Noch lauter als vorher. Bodo und Leni ärgern sich. Irgendwie müssen sie sich Gehör verschaffen.

»He!«, schreit Bodo. »He, he, he!« Dazu trommelt er mit dem Schirm auf die Regentonne.

Leni pfeift schrill auf ihrer Trillerpfeife. Komisch, das klingt gar nicht übel. Das klingt sogar gut. Immer besser. Ein richtiges Orchester. Musik macht Spaß. Wer hätte das gedacht?
Die Musikanten spielen bis zum Morgengrauen. Dann erst gönnen sie sich eine Pause.
»Wolltet ihr eben nicht etwas sagen?«, fragt Paul.
Etwas sagen? Bodo und Leni tauschen einen verlegenen Blick aus. Dann lacht Bodo. »Richtig! Wir wollten sagen: ›Gut, dass ihr uns geweckt habt.‹«
»Genau!«, stimmt Leni zu. »Sonst hätten wir das tolle Nachtkonzert doch glatt verschlafen.«

Bollewipp im Glück

Bollewipp findet auf einer Bank im Park ein paar Schnürsenkel. Nagelneue Schnürsenkel! Rote Schnürsenkel! So ein Glück.

Bollewipp zieht seine Schuhe aus. Die alten Schnürsenkel sind nicht mehr schön. Ausgefranst sind sie und sogar einmal geknotet.

Bollewipp zieht die alten Schnürsenkel aus den Schuhen und fädelt die neuen roten Schnürsenkel ein. Aber Bollewipps Schuhe sind braun. Sie passen nicht zu den neuen roten Schnürsenkeln.

Bollewipp hat neue rote Schnürsenkel und kann sie nicht gebrauchen. Schade!

Bollewipp betrachtet seine Schuhe genau. Sie sind schon ziemlich alt. Die Absätze sind schief. Das Leder hat Risse. Ich brauche dringend neue Schuhe, denkt Bollewipp. Schöne rote Schuhe!

Bollewipp steckt die Schnürsenkel ein und rennt los.

Im ersten Schuhgeschäft gibt es schwarze Schuhe.

»Schwarze Schuhe stehen Ihnen besonders gut«, sagt die Verkäuferin.

Bollewipp schüttelt den Kopf. Schwarze Schuhe passen nicht zu den neuen roten Schnürsenkeln.

Im zweiten Geschäft gibt es braune Schuhe.

»Braune Schuhe stehen Ihnen besonders gut«, sagt die Verkäuferin.

Bollewipp schüttelt den Kopf. Braune Schuhe passen nicht zu den neuen roten Schnürsenkeln.

Im dritten Geschäft gibt es rote Schuhe.

»Rote Schuhe stehen Ihnen besonders gut«, sagt die Verkäuferin.
Das findet Bollewipp auch. Er kauft die roten Schuhe.
Gleich vor dem Geschäft zieht er die Schnürsenkel heraus und fädelt dafür seine neuen roten ein. Sie passen wunderbar zu den roten Schuhen.
Bollewipp betrachtet die Schnürsenkel, die übrig sind. Es sind nagelneue Schnürsenkel. Rote Schnürsenkel.
Bollewipp hat neue rote Schnürsenkel und kann sie nicht brauchen. Wie schön!
Er legt die neuen roten Schnürsenkel auf eine Bank im Park.
Wer sie findet, der hat Glück. So viel Glück wie Bollewipp.
Bollewipp bindet seine neuen roten Schnürsenkel zu Schleifen und geht pfeifend davon.

Bollewipp und der nächtliche Störenfried

Bollewipp fährt aus dem Schlaf. Was war das für ein Geräusch? Da, schon wieder!

Das Telefon klingelt. Mitten in der Nacht!

»Sei still!«, brummt Bollewipp. Aber das Telefon klingelt weiter.

Bollewipp zieht sich die Decke über den Kopf. Wer mich wohl anruft? überlegt er. Ob es wichtig ist? Egal, jetzt schlafe ich!

Aber das Telefon gibt keine Ruhe. Bollewipp kann nicht mehr einschlafen.

Missmutig steht er auf, tastet nach seinen Hausschuhen und schlurft in den Flur. Er nuschelt in den Hörer: »Hier Bollewipp!«

Die Stimme am anderen Ende sagt: »Ich habe mich leider verwählt.«

Sofort ist Bollewipp hellwach. Er schreit: »Nur um mir das zu sagen, rufen Sie mich mitten in der Nacht an?«

Er knallt den Hörer auf und geht wütend wieder ins Bett. Dort liegt er und grübelt. So eine Unverschämtheit. Reißt der Kerl wegen so einer Kleinigkeit alle möglichen Leute aus dem Schlaf! Alle möglichen Leute? Am Ende auch Tante Klara? Ja, ganz bestimmt ruft der Kerl auch Tante Klara an. Wenn Tante Klara geweckt wird, kann sie die ganze Nacht nicht mehr einschlafen. Das darf nicht passieren!

Ich muss sie warnen, denkt Bollewipp. Er springt aus dem Bett und rennt ohne Hausschuhe ans Telefon.

Hoffentlich ist es noch nicht zu spät. Aufgeregt wählt er Tante Klaras Nummer.

Das Telefon läutet und läutet. Endlich nuschelt eine verschlafene Stimme: »Ja, was ist?«

»Ich bin's!«, ruft Bollewipp. »Gleich wird jemand bei dir anrufen. Geh nicht ans Telefon! Das ist ein nächtlicher Störenfried!«

Bollewipp legt auf und läuft zurück ins Bett.

Der kann Tante Klara nicht mehr wecken, denkt er zufrieden. Gut, dass die Tante mich hat.

Bollewipp verkriecht sich unter seiner Decke und schläft sofort ein.

Der superstarke Muskelmann

Früh am Morgen springt der Muskelmann aus dem Bett und lässt seine Muskeln spielen. »Heute passiert's!«, sagt er. »Heute stemme ich die dicke schwere Hantel.«

Der Muskelmann spuckt in die Hände. Hau ruck! Aber die dicke schwere Hantel rührt sich nicht.

Dafür rührt sich die Muskelfrau. Sie fragt: »Was tust du? Schlaf lieber noch ein Stündchen.«

Der Muskelmann schüttelt den Kopf.

»Ich habe keine Zeit. Ich muss trainieren, bis ich die dicke schwere Hantel stemmen kann.«

Da tippt sich die Muskelfrau an die Stirn und verschwindet wieder unter der Bettdecke.

Der Muskelmann rollt die dicke schwere Hantel hinaus auf die Wiese. Dort schlägt er Purzelbäume über den Gartenzaun. Er boxt mit dem Apfelbaum. Dann spuckt er in die Hände. Hau ruck! Aber die dicke schwere Hantel rührt sich nicht.

Die Muskelfrau schaut aus dem Fenster. Sie ruft: »Wollen wir zusammen frühstücken?«

»Ich habe keine Zeit!«, ruft der Muskelmann. »Ich muss noch mehr trainieren.«

Da schmiert sich die Muskelfrau ihr Brötchen und frühstückt allein.

Der Muskelmann zieht sich an der Teppichstange hoch. Er nimmt dem

Briefträger die Tasche ab und verteilt die Briefe im Galopp. Dann spuckt er in die Hände. Hau ruck! Aber die dicke schwere Hantel rührt sich nicht.

Die Muskelfrau kommt aus dem Haus. Sie fragt: »Wollen wir spazieren gehen?«

»Ich habe keine Zeit«, ächzt der Muskelmann. »Ich muss noch mehr trainieren.«

Da pfeift die Muskelfrau ein Lied und geht davon.

Der Muskelmann läuft auf den Händen ums Dorf. Er setzt sich die Oma mit der großen Einkaufstasche auf die Schultern und lässt sie nach Hause reiten. Dann spuckt er in die Hände. Hau ruck! Aber die dicke schwere Hantel rührt sich nicht.

Die Muskelfrau hat sich schick gemacht. Sie fragt: »Fährst du mit ins Kino?«

»Ich habe keine Zeit«, keucht der Muskelmann. »Ich muss noch mehr trainieren.«

Da steigt die Muskelfrau in den Bus und fährt in die Stadt.

Der Muskelmann springt über den Wassergraben. Er kämpft mit dem wilden Stier und schleppt ihn in den Stall zurück. Dann spuckt er in die Hände. Hau ruck! Aber die dicke schwere Hantel rührt sich nicht. Der Muskelmann spuckt noch einmal. Und dann fällt er um. Plumps!

Die Muskelfrau kommt zurück. Da liegt der Muskelmann, neben der dicken schweren Hantel.

Die Muskelfrau wirft sich den Muskelmann über die eine Schulter und die dicke schwere Hantel über die andere. Ganz ohne Hau ruck. Dann trägt sie beide ins Haus. Sie legt den Muskelmann ins Bett. Der murmelt: »Ich habe keine Zeit. Ich muss . . .«

Schon schläft er. Die Muskelfrau kickt die Hantel unters Bett und schleicht auf Zehenspitzen hinaus.

Der beste Pirat der Welt

Das Meer lag still und friedlich. Zu friedlich. Die Piraten langweilten sich.

»Lasst uns herausfinden, wer der beste Pirat ist«, schlug Wachtel vor. »Und, um es kurz zu machen, der beste Pirat bin ich. Denn ich balanciere sogar bei Orkan hoch oben im Mast herum. Freihändig!«

»Beweise es!«, verlangten die anderen.

Wachtel zuckte die Schultern. »Das geht leider nicht. Es regt sich ja nicht mal ein Lüftchen.«

Ernesto ergriff das Wort. »Der beste Pirat bin ich. Denn wer sonst könnte einen ganzen Schwarm Haifische mit einem einzigen Blick zähmen.«

»Du?«, fragten die anderen Piraten ungläubig. »Beweise es!«

Ernesto beugte sich über die Reling. »Sehr gerne«, sagte er achselzuckend. »Aber im Augenblick lässt sich nicht mal ein Goldfisch sehen.«

Pranke trat vor. »Der beste Pirat bin ich. Ich fange feindliche Kanonenkugeln mit der bloßen Hand.«

»Das musst du erst noch beweisen!«, forderten die beiden anderen.

Pranke zeigte aufs Meer hinaus. »Schade, kein Feind lässt sich blicken und keine einzige Kugel fliegt uns um die Ohren.«

Die Piratenoma steckte den Kopf aus der Kombüse. »Was redet ihr da?«, rief sie. »Ich bin der beste Pirat und niemand sonst.«

»Ho, ho!« Die Piraten gröhlten und lachten und schrien durcheinander. »Du? Wie kommst du denn darauf?«

Die Piratenoma grinste die Piraten herausfordernd an. »Ich befehle über drei Piraten«, sagte sie. »Und die müssen mir gehorchen.«

Die Piraten tippten sich an die Stirn und riefen: »Das musst du uns schon beweisen!«

»Gern! Also: Alle Piraten ab in die Kombüse zum Kartoffelschälen!«

»Was?«, schrien die Piraten. »Das soll wohl ein Witz sein? Das ist doch keine Arbeit für Piraten!«

»Nein?« Die Piratenoma lächelte freundich. »Dann gibt es heute eben kein Abendbrot!«

»Kein Abendbrot?« Die Piraten sahen sich entsetzt an. Sie befühlten ihre Bäuche. Die knurrten laut und vernehmlich. Da seufzten die Piraten und stiegen in die Kombüse hinunter.

»Sie hat uns reingelegt«, knurrte Wachtel und stieß sein Messer wütend in eine Kartoffel.

»Aber ihre Bratkartoffeln sind einmalig«, schwärmte Ernesto und fischte eine dicke Kartoffel aus dem Korb.

»Und deshalb ist sie wirklich der beste Pirat der Welt«, sagte Pranke und beugte sich über seine Arbeit.

Gut festhalten

Daniel Knieselberg hatte fast alle Luftballons verkauft. Nur der dicke rote mit dem frechen Gesicht war noch übrig. Daniel Knieselberg beschloss Feierabend und einen Bummel über den Jahrmarkt zu machen. Da spürte er einen Ruck an der Luftballonschnur.
»Ho, ho!«, lachte Daniel Knieselberg. »Willst du mir wegfliegen? Da kennst du den alten Daniel Knieselberg aber schlecht.« Und er wickelte sich die Schnur fester um die Hand. »Ich lass dich nicht los!«, sagte er. Er wollte die Hand in die Tasche stecken, aber der Luftballon zerrte zu sehr. Plötzlich spürte er, wie seine Füße den Halt verloren. Ja, wirklich, Daniel Knieselberg schwebte ein paar Zentimeter über dem Boden. Niemand auf dem Jahrmarkt merkte etwas davon.
Niemand außer Silvia, dem Kassenmädchen von der Geisterbahn. Sie rief zu ihm hinüber: »Schwierigkeiten, Daniel Knieselberg?« Und ehe er antworten konnte, kam sie gelaufen und schlang ihre Arme um seinen Bauch.
Tino vom Riesenrad sah das und rannte herbei. Er legte seine Arme ganz fest um Silvia, denn das hatte er schon immer einmal tun wollen. Die Leute, die vor Silvias Kassenhäuschen Schlange gestanden hatten, trippelten im Gänsemarsch heran. Jeder legte die Hände auf die Schultern des Vordermannes. Und so hängten sie sich bei Tino an.
»Dort ist etwas los«, sagte Sepp von der Schießbude, der nicht gern etwas verpasste, und brachte noch seine ganze Kundschaft mit. Immer

mehr Leute reihten sich ein und warteten. Lilo, die Würstchenfrau, füllte ihren Bauchladen. Sie rannte an der Schlange entlang und machte das Geschäft ihres Lebens. Der Bürgermeister verließ das Festzelt und setzte sich an die Spitze des Zuges. Die Herren von der Musikkapelle folgten ihm. »Wann geht es endlich los?«, fragten die Leute.

»Silvia«, flüsterte Daniel Knieselberg. »Spürst du, dass der Ballon immer stärker wird?«

»Ich spüre es, Daniel Knieselberg.«

»Ich lasse ihn nicht los. Niemals!«

»Ich weiß, Daniel Knieselberg.«

»Aber *du* musst jetzt loslassen«, flüsterte Daniel Knieselberg.

»Ich weiß«, sagte Silvia und schluckte. »Leb wohl, Daniel Knieselberg.«

In diesem Moment gab der Bürgermeister ein Zeichen. Die Musik setzte ein und der Zug kam in Bewegung.

»Leb wohl«, flüsterte Silvia noch einmal und gab Daniel Knieselberg frei. Lautlos schwebte er in den Nachthimmel davon. Silvia hätte ihm gern noch nachgeschaut. Aber die Menschen hinter ihr schoben sie weiter.

Der Festzug führte durch die ganze Stadt. Überall schlossen sich neue Menschen an. Erst spät in der Nacht kamen sie alle wieder auf dem Jahrmarkt an. Der Bürgermeister spendierte Freibier und Limo für alle. Und die Musik spielte die ganze Nacht. Lilo verkaufte unzählige Würste.

Und wer gerade nicht aß oder trank, der tanzte. Tino küsste Silvia, denn das hatte er schon immer einmal tun wollen. Und Sepp küsste Lilo und bekam ein Würstchen umsonst.

Niemand achtete auf den kleinen Punkt am Himmel, der kleiner und immer kleiner wurde und schließlich ganz verschwand. Niemand außer Silvia. »Halt dich gut fest, Daniel Knieselberg!«, flüsterte sie. Das konnte der natürlich nicht mehr hören. Macht nichts, dachte Silvia. Daniel Knieselberg lässt sowieso niemals los.

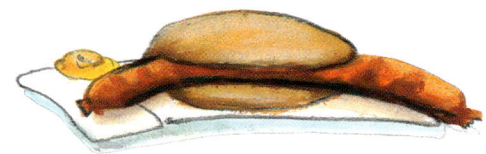

Ein hilfsbereiter Busfahrer

An der Haltestelle Rathausgasse wartet ein Krokodil. Das will seine Oma besuchen, aber es hat kein Fahrgeld.

»Dann kannst du nicht mitfahren«, sagt der Busfahrer Bernhard Briesel.

Das Krokodil beginnt zu weinen. Aber was soll Bernhard Briesel tun? Wenn das Krokodil umsonst mitfährt, dann stimmt am Abend die Fahrgeldkasse nicht. Und mit seiner Fahrgeldkasse ist Bernhard Briesel sehr genau.

Das Krokodil schluchzt. Bernhard Briesel sucht in seinen Taschen. Er findet nur ein paar Pfennige. Das reicht nicht für eine Fahrkarte. Aber da hat Bernhard Briesel eine Idee.

»Warte hier auf mich!«, sagt er und fährt mit dem Bus in die Torstraße. Dort wohnt er.

»Es wird eine kleine Verzögerung geben«, sagt er zu den Fahrgästen. Er lädt sie zu Kaffee und Kuchen in sein Haus ein, schwingt sich auf sein Rad und fährt zur Haltestelle Rathausgasse zurück.

»Steig auf!«, sagt er.

Mit einem Krokodil auf dem Gepäckträger ist Fahrrad fahren sehr anstrengend. Bernhard Briesel keucht. Unglücklicherweise wohnt die Krokodil-Oma am anderen Ende der Stadt. Endlich sind sie da. Das Krokodil winkt dankbar zum Abschied. Aber Bernhard Briesel sieht es nicht mehr. Er rast schon zurück.

Die Gäste in Bernhard Briesels Haus haben es sich gemütlich gemacht. Sie wollen gar nicht wieder gehen. Bernhard Briesel schwitzt. Vom Radfahren. Und weil er an den Bürgermeister denkt. Der nimmt es mit dem Fahrplan sehr genau und liebt keine Verspätungen.
Endlich steigen alle wieder ein. Der Bus kann wie üblich weiterfahren. An der Haltestelle Rathausgasse wartet ein Nilpferd. Das will seinen Opa besuchen. Aber es hat kein Fahrgeld.
Bernhard Briesel wischt sich über die Stirn. »Morgen!«, seufzt er. »Ich muss erst mein Fahrrad aufpumpen und neuen Kuchen backen. Aber morgen bringe ich dich hin. Ganz bestimmt.«

Kaspers neue Lampe

Kasper hängt im Schlafzimmer eine Lampe auf.
Eine neue Lampe. Etwas fehlt noch. Richtig, eine Birne.
Oje, die letzte Birne habe ich gestern gegessen, denkt Kasper.
Macht nichts. Kasper hat noch Äpfel. Er holt einen Apfel
aus dem Keller und hängt ihn in die Lampe. Wunder-
schön sieht die neue Lampe jetzt aus. Kasper muss
das Licht nur noch anknipsen.
Aber was ist das? Das Licht brennt nicht. Ist die
Lampe etwa kaputt? Die schöne neue Lampe?
Auch egal, denkt Kasper.
Abends mache ich die Augen zu. Da brauche ich
kein Licht. Und am Tag? Da ist es hell und ich
brauche erst recht kein Licht.
Kasper betrachtet zufrieden sein Werk.
Wunderschön sieht sie aus,
die neue Lampe!

Tanz-Partner

Der Floh Felix tanzt so gern. Aber allein macht das keinen Spaß. Felix sucht einen Partner für ein Tänzchen. »Willst du mit mir tanzen?«, fragt Felix die Kuh Babette.

Babette gibt keine Antwort. Kaut nur auf ihrem Gras herum. Ohne jeden Rhythmus.

Felix steigt zum Bauern auf den Traktor. »Willst du mit mir tanzen?«, fragt er.

Der Bauer gibt keine Antwort. Wackelt nur mit dem Motor um die Wette. Ohne jede Eleganz.

Auf der Kreuzung muss der Bauer anhalten. Dort regelt ein Polizist den Verkehr.

Der Polizist trillert auf seiner Pfeife. Dazu wedelt er mit den Armen. Wie rhythmisch! Wie elegant! Das ist der richtige Tanz-Partner. Schnell springt Felix aus dem Traktor. Er hüpft auf die Kreuzung und fragt höflich: »Bitte, willst du mit mir tanzen?«

Der Polizist lässt die Autos hierhin und dahin fahren und gibt keine Antwort. Felix reckt und streckt sich. »He du!«, ruft er. »Willst du mit mir tanzen?«

Der Polizist trillert weiter auf seiner Pfeife. Er wedelt mit den Armen und gibt keine Antwort.

Felix hüpft dem Polizisten auf die Schulter. Er schreit: »Willst du mit mir tanzen?«

Aber der Polizist gibt immer noch keine Antwort. Da zwickt Felix den Polizisten ins Ohr.

Erschrocken springt der Polizist hoch.

Felix zwickt den Polizisten in den Po. Der schlägt sich auf den Po und hopst hin und her.

Felix zwickt den Polizisten in die Nase. Er zwickt ihn ins Bein und in den Bauch. Der Polizist trillert so laut er kann. Er wedelt aufgeregt mit den Armen und hüpft wild herum.

Alle Autos hüpfen mit. Und sie hupen im Takt dazu.

Felix ist glücklich. Wusste ich es doch, denkt er. Wir können wunderbar zusammen tanzen.

Eine fette Beute

Lottchen Pfannenstiel schlenderte über den Fischmarkt von Axhusen. Sie wollte Heringe fürs Mittagessen kaufen. Heringe waren die Lieblingsspeise von ihrem Freund, Hein Segeltuch.

Plötzlich wurde sie von zwei Piraten gepackt. Und so viel sie auch schrie und strampelte, die Kerle schleppten sie auf ihr Schiff und segelten mit ihr los.

»Tut uns Leid, Lottchen«, erklärten sie. »Aber wir wollen Lösegeld für dich verlangen.«

Lösegeld?, dachte Lottchen Pfannenstiel. Na wartet, ihr werdet mich noch kennen lernen.

Laut sagte sie: »Zuerst müsst ihr das Schiff putzen.«

Die Piraten tippten sich an die Stirn. »Potz, Pest und Scheuertuch! Piraten putzen nicht.«

Lottchen Pfannenstiel zuckte die Schultern. »Bei so einem Dreck werde ich krank. Und für kranke Leute bekommt man kein Lösegeld.«

Die Piraten seufzten und machten sich an die Arbeit. Lottchen Pfan-

nenstiel führte das Kommando und gab erst Ruhe, als das ganze Schiff blitzte und blinkte.

Nach dieser Strapaze wollten sich die Piraten ausruhen. Aber Lottchen Pfannenstiel meinte: »Und nun nehmt ihr ein Bad!«

Die Piraten fuhren auf. »Potz, Pest und Seifenschaum! Piraten baden nicht.«

»Wie ihr wollt«, sagte Lottchen Pfannenstiel. »Dann falle ich in Ohnmacht. Und für ohnmächtige Leute bekommt man kein Lösegeld.«

Die Piraten seufzten und schleppten den großen Zuber an Deck. Lottchen Pfannenstiel seifte ihnen den Rücken und stutzte ihre Bärte, bis sie aussahen wie Sonntagsschüler und dufteten wie Veilchen.

Nun wollten die Piraten nur noch eins: »Einen kräftigen Schluck Rum!«

»Halt!«, rief Lottchen Pfannenstiel. »Rum ist nicht gesund. Ich koche euch Kamillentee.«

»Potz, Pest und Kandiszucker!«, schrien die Piraten. »Piraten trinken keinen Tee.«

»Übertreib es nicht, Lottchen«, knurrte der eine.

»Sonst werfen wir dich den Haien zum Fraß vor«, knurrte der andere.

Lottchen Pfannenstiel lächelte liebenswürdig. »Bedenkt bitte, dass man für gefressene Leute erst recht kein Lösegeld bekommt.«

Die Piraten seufzten und stellten den Kessel aufs Feuer. Lottchen Pfannenstiel kochte eine große Kanne Tee und schenkte immer wieder ein. Die Piraten schüttelten sich. »Wir müssen sie loswerden!«, flüsterte der eine. »So schnell wir möglich!«, raunte der andere.

Sie segelten nach Axhusen zurück. Dort holten sie Papier und Tinte und schrieben: »1000 Dukaten für Lottchen!«

Lottchen Pfannenstiel schaute ihnen über die Schulter und kicherte. »Das geht nicht«, sagte sie. »Hein Segeltuch wird kein Lösegeld bezahlen. Er ist froh, dass er mich los ist.«

Die Piraten schauten sich entsetzt an.

»Macht nichts!«, tröstete Lottchen Pfannenstiel. »Ich bleibe bei euch. Ich passe auf, dass ihr jeden Tag ein sauberes Hemd anzieht und . . .«

»Bloß nicht!« Verzweifelt rauften sich die Piraten die frisch gestutzten Bärte.

»Also, wenn ihr mich ganz und gar nicht behalten wollt . . .«, überlegte Lottchen Pfannenstiel. Die Piraten schüttelten heftig die Köpfe.

». . . dann gebt mir 1000, nein, besser 2000 Dukaten mit. Für 2000 Dukaten nimmt Hein Segeltuch mich vielleicht zurück.«

»Potz, Pest und Silberpfennig! Piraten bezahlen nie!«

»Gut, dann bleibe ich«, sagte Lottchen Pfannenstiel.

»Nur das nicht!« Die Piraten schleppten ihre letzten Schätze herbei. Lottchen Pfannenstiel zählte genau mit, bis 2000 Dukaten in ihrer Tasche klimperten. Fröhlich ging sie von Bord. Am Kai drehte sie sich noch einmal um und rief: »Wenn ihr wieder nach Axhusen kommt, besucht mich mal!«

Die Piraten gaben keine Antwort. Sie lichteten den Anker und segelten davon, schneller als der Wind.

»Und denkt dran: Jeden Abend die Zähne putzen!«, rief Lottchen Pfannenstiel ihnen nach. Sie kaufte auf dem Fischmarkt ein paar besonders schöne Heringe für Hein Segeltuch, stimmte ein Lied an und ging fröhlich pfeifend nach Hause.

Sterntaler
Kleine Geschichten zum Anschauen und Mitlesen.

Maria Seidemann
Kunterbunte ABC-Geschichten

Barbara Zoschke
Dixie heißt mein Pony

Oh Schreck! Im ABC-Zirkus ist alles durcheinander geraten! Nun suchen alle Artisten nach ihren Sachen: Der Bär sucht seinen Ball, die Flamingos können ohne ihre Fahrräder nicht auftreten, die Giraffe will ihre Gitarre wiederhaben und die Waschbären brauchen unbedingt ihre Wippe. Doch dann zückt Zirkusdirektor Zebra seinen Zauberstab – und die Vorstellung kann beginnen!

Jeder Band:
72 Seiten. Gebunden. Viele farbige Illustrationen. Wattierter Einband. Ab 4 Jahren.

Ferien bei den Ponys! Nichts könnte schöner sein, finden Anna und Ben. Was die zwei zusammen mit Dixie und Moritz, den beiden klugen Ponys, erleben, das erzählen diese lustigen und spannenden Geschichten:
von eine ungewöhnliche Kutschfahrt, von einem Ausritt in die Wälder oder einem aufregende Indianerspiel.
Aber das Tollste überhaupt ist sicher die Geburt des Fohlens Schneeflocke!

EDITION BÜCHERBÄR